K. H. HEART

DE STRAAT IS NIET KOUDER

novum ■ pro

Dit boek is ook als
e-book
verkrijgbaar.

w w w . n o v u m p u b l i s h i n g . n l

© 2024 novum publishing

ISBN 978-3-99146-005-3
Geredigeerd door:
Rens van der Hammen
Omslagfoto:
K. H. Heart, Model: Maysae
Ontwerp omslag, lay-out & typografie:
novum publishing

www.novumpublishing.nl

Print product with financial
climate contribution
ClimatePartner.com/16547-2311-1001

Inhoud

HOOFDSTUK 1

Golven en gevlogen liefde

Ashakar - 24 juli 1999

'Ik wil hier altijd blijven, mama!'
    Rennend ging ik op de zee af. De zon had ongeveer een half uurtje geleden afscheid genomen van onze kant van de wereld en ik mocht nog eventjes in het water spelen. Het strand was haast leeg en de oceaan nog leger. Althans, leeg zonder mensen. De oceaan is een andere wereld vol met nieuwe geluiden en kleuren. Ik vind het heerlijk om in het wilde water te duiken. Dan zwom ik zo laag mogelijk boven de oceaanbodem. In het water hoorde je het ruisen van de zee op een andere manier. Het was heerlijk rustgevend. Als ik dan omhoogkwam voor adem, waren de kleuren om me heen strakker, volkomen helder.
    Rond deze tijd waren de golven ook woester en hoger. Ik vind het lekker om tegen de golf in te gaan op het moment van breken, je voelde de kracht van het water over en door je hele lichaam heen en de golf sleurde je mee daarnaar waar het water ook maar heen ging. Een momentje heb je geen controle over je eigen lichaam en als je op dat moment alles kon loslaten, dan werd je een golf. Je werd water. Ik herenigde mezelf nog een tijdje met de golven en wandelde daarna lekker naar ons strandhuisje.

Mijn moeder en mijn broertjes hadden samen met het gezin van de broer van mijn moeder een huisje gehuurd aan het strand van Ashakar. Mijn oom was getrouwd en had twee kinderen, Farida en Mounir. In de verte zag je de rook van de barbecue. Hoe dichterbij ik kwam, hoe harder mijn buik knorde, want het rook overheerlijk.
    'Oh, ben je daar?'

De vrouw van mijn oom was lekker aan het koken en keek me vriendelijk aan. 'Farida zit hierboven, als je haar zoekt. En het eten is ook zo klaar'. Ze begon een Marokkaanse hit mee te neuriën die op de draagbare radio speelde. 'Bedankt tante', zei ik en liep naar het dakterras. 'Ik roep jullie zo naar beneden', riep ze me nog achterna. Onderweg naar boven pikte ik ken paar broodjes mee die op tafel lagen.

Farida lag boven ook op de tafel. 'Hey, wat ben je aan het doen?' Mijn nichtje draaide haar hoofd naar me om en zei: 'Kom eens naast me liggen?' Ze schoof een beetje op en ik ging naast haar liggen. 'Ok, en nu?' Ze zei: 'Kijk omhoog'. Ik keek omhoog en zag de sterren zoals ik ze nog nooit eerder had gezien. Ik ben namelijk geboren en getogen in Amsterdam, een drukke stad waar van alles zien is, behalve een ster in de lucht. Ik dacht dat ik de Melkweg zag, zoveel sterren had ik nog nooit bij elkaar gezien! Het was een regen van zilver licht. De hemel was donkerblauw met een prachtige paarse gloed. Alleen in films had ik het zo mooi gezien en ik was er altijd zeker van dat ze dat met een computer bewerkten. Maar nu ik het zelf zo in het echt zag kon het best zo zijn dat die acteurs gewoon elke keer geluk hadden om op zo'n mooie set te zijn.

'Wat mooi', zei ik tegen Farida. 'Dit zou ik wel elke nacht willen zien'. 'Ja', zuchtte Farida. 'Jammer dat ik het vanuit ons huis niet zo kan zien. Maar goed, daar heb ik ook wel goed uitzicht'. We lachen allebei en genoten verder van onze avond.

Farida was verliefd op haar buurjongen van de overkant. Maar ze heeft nooit een woord tegen hem gezegd. Ze durfde hem niet eens aan te kijken; alleen stiekem, als hij bij het raam een boek zt te lezen. Of als hij aan het skaten was voor de deur.

De buurjongen was ook verliefd op haar. Hij keek altijd stiekem naar haar als zij de was ophing of aan het dweilen was. Als hun blikken elkaar kruisten, dan zag je de lichtjes in hun ogen schijnen. 'Waarom praat je niet gewoon met Nassir? Je weet dat hij ook gek op jou is. Dat kun je wel zien'. Farida ging rechtop zitten en keek me ernstig aan. 'Omdat, mijn lieve Hollandia[1], als mijn ouders erachter komen, voor mij geen dag soepel zal verlopen. Ten eerste zou ik toch niet met hem mogen trouwen omdat hij volgens mijn ouders niet goed genoeg is voor me. En ten tweede zouden zelfs mijn balkon privileges kunnen worden afgenomen omdat er kans zou zijn dat we alsnog contact met elkaar zouden hebben. Hoe kan ik dat Nassir aandoen? Ik bedoel, hij woont daar! Hun huis is daar! Ik kan niet verwachten dat wij of zij gaan verhuizen. Dus ik hou het simpel en laat deze gewoon gaan, mijn liefde aan de overkant. Zo dichtbij en toch zo ver.' Ik keek Farida aan en zag haar ogen zacht glanzen in het maanlicht. 'Kom op drama queen, we zijn twaalf jaar. Het komt vast wel goed tussen jou en je loverboy. Hij wordt rijk en stormt je huis binnen, strooit een zak vol met geld over de vloer uit en neemt je mee in zijn auto met open dak'. Farida moest lachen. 'Hana, je bent gestoord. En je noemt mij een drama queen?'

'Farida! Hana! Het eten is klaar!'

Ik pakte mijn nichtje bij haar hand. 'Het komt allemaal wel goed, ik heb het gevoel dat alles goed gaat komen.

---

1 'Hollandia' betekent: 'een Nederlandse'.

9

HOOFDSTUK 2

Verrassingstocht

Tanger – 15 augustus 1999

'Hoezo, jullie gaan zonder mij?' Boos plofte ik op de bank neer. 'Ik wil ook graag naar de bruiloft van Latifa in Rabat. Ik ben zelf ook nooit in Rabat geweest!'

M'n moeder keek me aan vanuit de spiegel en zei: 'Nou, lieve schat, ook al zou ik je mee willen nemen, het kan gewoon niet. Kinderen zijn niet uitgenodigd voor deze bruiloft. Het wordt op een plek gehouden die niet kindvriendelijk is en zo voorkomen ze veel problemen. Tenslotte is het Latifa's dag en ze wil graag dat alles om haar alleen draait.'

Ze stond op en pakte haar koffers die ze mee zou nemen naar Rabat. 'Trouwens, het is maar voor een weekje en ik beloof je dat het hier ook gezellig zal worden'. Ik liep naar haar toe en zei: 'Hoe weet je dat? Je bent er niet eens.'

Mijn moeder keek me geheimzinnig aan en zei: 'Ik heb een heel speciaal iemand uitgenodigd die jou deze week komt bezoeken'. Ik sprong op en riep: 'Oh, wie is het? Is het een van mijn vrienden uit Nederland die ook toevallig in Tanger zijn? Is het mijn zus die toch nog naar Marokko is gevlogen?'

Mijn moeder keek me aan en zei: 'Nee, deze persoon heb je heel lang geleden ontmoet en je raadt het nooit, dus vertel ik het maar. Maar pas vanavond, want ik moet er nu echt vandoor. Ik moet mijn koffers alvast naar het station brengen en tickets kopen, anders heb ik daar straks geen tijd meer voor.' Aaaaah!', riep ik maar toen gaf ik haar een knuffel. Mijn moeder weet dat ik gek ben op verrassingen en in mijn hart werd ik heel enthousiast.

Ik rende naar het balkon waar Farida zat te lezen. 'Farida, Farida, weet jij wie vanavond langskomt?' Farida keek mij aan en zei: 'Komt er iemand vanavond langs? Wie dan?' Ik lachte en zei: 'Ja, zover was ik ook al gekomen, maar ma gaat toch met Karima naar Rabat? En wij konden toch niet meer mee? Nou, vanavond komt er iemand langs om ons bezig te houden, zogenaamd als goedmakertje. Ik zag Farida denken en tot mijn verbazing zei ze: 'Pfff, het zal wel. Het is vast niet iets waar ik blij van word.' 'Hoe bedoel je?', vroeg ik haar. 'Niks, laat maar', zei ze terwijl ze opstond. 'Ik spreek je later, ok? Ik moet even de afwas doen, zodat mijn ma het eten kan voorbereiden.'

Ze liep me voorbij en ik vroeg: 'Moet ik je helpen?' Nee hoor, laat maar, komt wel goed. Hou jij Nassir maar voor me in de gaten', zei ze en liep naar de keuken. Met gemengde gevoelens bleef ik achter op het balkon. Waarom zei Farida dat het vast niet iets leuks voor haar is? Een verrassing is meestal toch leuk voor iedereen? En als er iemand gezellig langskomt, dan is het toch ook leuk voor haar? Verder vond ik haar een klein beetje kortaf doen. En wie was deze geheimzinnige persoon die het hier gezellig moest gaan maken terwijl mijn moeder weg was?

Huiskamer – 19:16 Theetijd in huize Bouatin. Mijn neef en nichtje, mijn oom en zijn vrouw, haar zus, mijn moeder, mijn broertjes en ik zaten allemaal gezellig aan tafel. Mijn tante had zoete broodjes gebakken en er lagen allerlei soorten koekjes op tafel voor bij de thee. Iedereen praatte gezellig door elkaar heen totdat er op de deur werd geklopt. Was dat de gast waar ik stiekem op wacht?

Mijn neef deed de deur open en mijn buurmeisje kwam naar binnen gewandeld. Mirjam was vijf jaar en heel erg schattig. Ze vond het heerlijk om bij ons te spelen. Ik was ook verzot op haar. Ze was super schattig en leerde een beetje Engels van haar vader Nabil. Hij was leraar Engels. *'Tea time, for me too?*', vroeg ze mij. 'Ik pakte haar op en gaf haar een knuffel. *'Yes, tea time for you and here is a cookie for you'.* Mijn tante zei: 'Ha, ik dacht dat het Sherin was'. Ik keek haar aan en vroeg: 'Wie is Sherin?'

Het antwoord kwam vanuit de hal. 'Ik ben Sherin'. Mijn moeder en tantes sprongen op en liepen al de deur uit om haar te begroeten. Even hoorde je alleen maar vrouwenstemmen. Eenmaal binnengekomen begroette Sherin ook ons. Toen ze bij mij kwam, keek ze me aan zei ze: 'Zo, jij bent dus Hana. Zo groot ben je al geworden. Ik kan me nog herinneren dat ik je mee naar buiten nam om te gaan spelen op het strand. Nu ben je al zo groot.'

Ik keek Sherin aan. Ze was niet zoveel ouder dan ik, hoogstens tien jaar; een stevig gebouwde vrouw met mooi blond haar en groene ogen, een spitse neus en een heel vriendelijk gezicht. 'Ik ken je niet meer', zei ik verlegen. Ze keek me vriendelijk aan en zei: 'Je kent me niet meer, maar hopelijk zal je me na deze week ook niet meer vergeten'. We gingen allemaal weer zitten en maakte een plaatsje vrij voor Sherin. 'En, vertel ons', zei mijn oom. 'Hoe is het daar in de bergen?'

Sherin nam een slokje van haar thee en begon te vertellen. 'In ons dorpje is er veel vooruitgang geboekt. Bijna alle huizen hebben nu een toilet in het huis en de nieuwe koning heeft ervoor gezorgd dat er een elektriciteitskabel in ons dorp kwam, dus nu hebben we ook elektriciteit. Mijn kinderen zijn groot geworden, ik heb er nu drie. De oudste van zes staat elke dag met zijn papa op de markt en verkoopt vis. En de tweeling van twee jaar zit lekker bij mij thuis de hele dag. Verder hadden wij een goede hasj oogst en de olijfbomen zijn ook bijzonder gunstig geweest dit jaar. Het gaat goed met onze tante. Ze is nog steeds verdrietig over het verlies van haar man maar ze is sterk en gezond en houdt het nog heel veel jaren vol.'

Ze nam nog een slokje van haar thee en ik vroeg haar: 'Woon je in de bergen?' 'Ja', zei ze. 'Het is heerlijk om in de bergen te wonen. Er is heel veel ruimte, er zijn wilde apen en iedereen heeft het heel gezellig met elkaar in ons dorpje. Het is bijna allemaal familie. Dus je hebt nog een heleboel mensen in je familie, maar die ken je gewoon nog niet.'

'Het lijkt me leuk om een keertje te hebben gezien', zei ik. Sherin keek m'n moeder aan en zei tegen mij: 'Hana, ik ga overmorgen weer terug naar de bergen en je mag eventueel met me mee. Dan blijf je daar drie of vier dagen en kan je iedereen ontmoeten en heb je de bergen ook een keertje gezien. Je moeder gaat naar Rabat deze week, waarom ga jij niet met mij mee?'

Ik keek mijn moeder aan en vroeg: 'Is dit de verrassing die je in petto had?' Mijn moeder glimlachte en zei: 'Ja, als je het leuk lijkt, kan je er wel heen gaan'. Ik sprong op en joelde: 'Ik ga op vakantie in mijn vakantie!' Iedereen lachte om mijn enthousiasme, behalve Farida. Ik stopte met mijn vreugdedansje en vroeg aan mijn tante: 'Mag Farida ook met mij mee? Zij is ook nog nooit naar de bergen geweest en ik zou het wel leuk vinden als zij met mij meeging'. Mijn tante deed haar mond open om wat te zeggen maar mijn oom was haar al voor: 'Nee, Hana. Zij mag niet mee. Zij moet haar moeder in huis helpen.'

Ik keek mijn moeder aan en zei in het Nederlands: 'Wat is dat voor onzin? Ze kan toch gewoon met mij meegaan?' Mijn moeder zei in het Nederlands tegen mij: 'Niet zo brutaal doen. En praat Marokkaans!'

'Fijn', zei ik en vervolgde in het Marokkaans. 'Farida kan toch gewoon met mij mee? Het zal hier vast saai zijn zonder Karima, jou en mij. Wat moet ze hier dan doen?'

Farida zei:' Ah joh, ik vermaak me hier wel. Je broertjes blijven bij mij thuis, weet je nog? En ik vind het ook fijn om mijn moeder te helpen'. Ik keek haar aan en zei: 'Ok, wat jij wilt. Maar ik zou het wel leuker vinden als je meeging.'

Sherin mengde zich er ook in. 'Het is ook hartstikke leuk om naar de bergen te gaan Je oudtante kent je niet eens en die wil jou ook graag ontmoeten'. Ik zuchtte en zei: 'Maar waarom kan Farida dan niet met me mee? Ik ben bang dat ik me ga vervelen'. Sherin lachte en zei: 'Vervelen? Je hebt daar wilde apen en hele leuke beekjes en heel veel ruimte. Nee, je gaat het heerlijk vinden! Ik beloof het!'

Ik keek mijn broertjes aan en vroeg ze of ze me zouden missen die paar dagen. Mijn oudste broertje zei: 'Mag ik ook met je mee?' 'Nee', reageerde ik. Want dan moet ik daar de hele dag op je passen en daar heb ik geen zin in. Ik ga je wel missen maar ik ga maar voor drie dagen. En ik ga pas overmorgen, dus we gaan eerst nog leuke dingen doen samen, ok?'

Mijn broertje was het daar wel mee eens. Mijn jongste broertje is autistisch, dus die zei niet zoveel. Nu had ik nog iets om naar uit te kijken, want ik ging lekker de bergen in! Deze vakantie kon niet meer stuk.

HOOFDSTUK 3

In de bergen

Beni Ahmed - 18 augustus 1999

Ik kon niet echt veel zien van de elektriciteitskabels in de bergen want we reden al twee uurtjes in het donker, heel langzaam en met heel veel bochten. Ik had al twee keer gebraakt en het was niet echt fijn om over te geven in een bus. Weliswaar in een zakje, maar toch. 'Sherin, hoelang zitten we nog in de bus? Want we zitten er al vijf uur in en ik ben er een beetje klaar mee.' Sherin keek me aan en zei: 'Nou, meisje, we moeten nog drie uur met de bus dus je moet nog even volhouden'. Geërgerd keek ik terug en zei: 'Nou, dat hou ik en die mensen om me heen echt niet vol, met mijn overgeven de hele tijd.'

'Gelukkig stoppen we over twee minuten voor een plaspauze', reageerde Sherin. 'Dan kunnen we in ieder geval even onze benen strekken. Wat vind je daarvan, Hana?'

Ik gromde en zei: 'Alles is beter dan nog drie uur in die bus te moeten zitten'. Maar ik was nog niet eens uitgesproken of de bus stopte al. We stapten uit en ik zag allemaal huisjes rondom een groot plein. Bij elk huisje brandde een lampje voor de deur. Bij sommige huisjes zatenmannen een pijp te roken, bij andere huisjes zag je vrouwen theedrinken en met elkaar kwebbelen. Op het plein zelf vormde een aantal kinderen zich tot een groep om te kijken wie er uit de bus stapte. 'Verrassing! We zijn er al', zei Sherin. Ik begon te lachen en danste om haar heen. 'Wat een mooi gezellig plekje. Waar is jouw huisje? Moeten we ver lopen? Is dat roze huisje van jou?' Ik vuurde al mijn vragen op haar af. 'Rustig, rustig', zei ze. 'Laten we eerst onze tassen pakken uit de bus en dan lopen we zo naar huis. Het is vijf minuten die kant op'. Ze wees naar het noorden. 'Okidoki', zei ik. We gaven elkaar een arm en liepen naar de bus om onze spullen te pakken.

'Mamaaa, mamaaa!' Gillend kwamen de kinderen uit het huis om op Sherin af te rennen. Ze kreeg allemaal knuffels terwijl haar oudste zoon haar tas probeerde af te pakken om te kijken of er cadeautjes in zaten. De man van Sherin kwam ook het huis uit en zei: 'Anouar, laat mama's tas met rust. En meiden, geef mama even de kans om uit te rusten en binnen te komen. Ze heeft een lange reis achter de rug. En dat moet Hana zijn. Kijk eens meiden? Er is iemand mee gekomen met mama. Dat is leuk he? Nou, gauw naar binnen met zijn allen dan, moeder wil je ook zien'. 'Hallo, meneer', zei ik en liep achter Sherin naar binnen. 'Noem mij gewoon Ismaël', zei hij.

Het huisje was heel gezellig en knus. Rond de muren stonden authentieke Marokkaanse banken, zodat je overal kon zitten. Mijn oudtante was al opgestaan en liep onze kant op. Ze gaf me een kus en een knuffel. Ik lachte naar haar en ze zei: 'Oh, je hebt hondentanden. Hetzelfde gebit als Rocky, onze herder'. Stomverbaasd keek ik haar aan en zei: 'Huh?' Verder kwam er niet echt wat uit. 'Ja', ging ze verder. 'Je hebt twee voortanden aan de bovenkant en dan snijtanden. Normaal heb je twee grote tanden, twee kleine en dan twee snijtanden.'

'Oh', zei ik. 'Wil je thee?', vroeg ze. 'Nee, eerlijk gezegd ben ik best wel moe van de reis en vroeg ik me af of ik meteen kon gaan slapen'. 'Ja hoor', zei Sherin. 'Kom maar mee naar achteren Je slaapt wel bij de kinderen en mijn oudtante in dezelfde kamer, maar ik maak hier even een bedje voor je op. Hier verderop is het toilet, dan kun je jezelf even opfrissen als je wil. Ik breng wel een emmer water voor je'. 'Bedankt, Sherin. Ik ga alvast naar de badkamer', zei ik en liep de kant op waar ze naartoe had gewezen. 'Het is niet wat je gewend bent, denk ik zo', hoorde ik Sherin lacherig zeggen.

Aangekomen in het kamertje dat de badkamer moest voorstellen, ging ik even zitten. Ik voelde me een klein beetje beledigd door het feit dat die vrouw mij vergeleek met een hond. Maar wat me nog het meest verbaasde, was het feit dat ze dat zo snel had gezien. Ik keek al jaren naar mijn tanden en ging elk jaar twee keer naar de tandarts, maar ik had nooit gehoord dat ik niet genoeg tanden in mijn mond had.

Sherin klopte aan. 'Hier is een handdoek en een emmer met water. Zeep en de rest ligt daar, maar dat had je waarschijnlijk wel gezien. Ik zie je lekker zo, ik ga even je bed verder opmaken. Ennuh, let maar niet op wat die oude vrouw zegt. Ze is behoorlijk oud en soms lijkt het net alsof ze het allemaal niet meer op een rijtje heeft. Je hebt tanden als een hond, hoe gek kan je het verzinnen?'

Lachend liep ze weer naar de deur. 'Hey, Sherin, laat je tanden eens zien?', vroeg ik. 'Kom, kom. Je denkt toch niet dat we andere tanden hebben?', zei ze en liet me haar tanden zien. Een, twee, drie, vier en dan pas snijtanden. 'Verrek, nou heeft die ouwe nog gelijk ook', zei Sherin. 'Ach ja, blijkbaar iedereen heeft een ander soort gebit. Waarschijnlijk ben je een weerwolf of een vampier', lachte ze. 'Je moet je er niet druk over maken. Ik zie je straks.'

En weg was ze. Ik bleef achter in de badkamer en ging mezelf maar wassen. Jeetje, wat was het waterkoud. 'Pff', dacht ik. Ik hoop dat we morgen wel een beetje warm water hebben want dit ga ik niet volhouden'. Toen ik mezelf had opgefrist, lagen de kinderen al in hun bedje in de kamer. 'Welterusten, Sherin, tante en Ismaël. Ik spreek jullie morgen'. 'Slaap lekker, meisje', zei Sherin. 'Morgen hebben we een drukke dag voor de boeg.'

Ik liep terug naar de slaapkamer. Die nacht droomde ik dat een grote bal met tanden mij achterna zat en probeerde op te eten.

De volgende ochtend werd ik wakker van de heerlijke lucht van koffie en eieren. Ik sprong op en zag dat alle bedjes waren opgeruimd en dat deze kamer weer diende als huiskamer. Ik rende naar de voorkamer en zag alleen Ismael. 'Goedemorgen Ismaël', zei ik. 'Goedemorgen Hana, heb je goed geslapen?', vroeg hij. 'Ja, bedankt', zei ik. Ik keek om me heen en vroeg 'Waar is Sherin?'

Ze staat buiten te koken. Ze zal zo wel klaar zijn en dan kunnen we eten'. Ik liep naar buiten en zag haar staan.

Mijn oudtante stond voorovergebogen bij een holle steen. Ik liep naar haar toe en zag tot mijn verbazing dat in die holle steen een vuur brandde. Ik vroeg haar wat ze deed. 'Ik ben brood aan het bakken in onze oven. Dit heb jij natuurlijk nooit gezien. Deze oven is gemaakt van klei. We maken echt vuur en bakken ons lekkere brood. Elke dag verse brood. Hebben ze niet in Spanje he?'

Ik moest lachen en zei: 'Ik kom niet uit Spanje, maar uit Nederland Dat ligt nog verder omhoog in Europa. En inderdaad, wij hebben niet zo'n oven maar wel vers brood, gewoon bij de bakker'. Mijn oudtante keek me aan, gromde 'Hollanda, Europa, is allemaal Spanje' en ging weer verder met haar brood.

'Hana, wil je me even helpen met tafel opdienen voor ontbijt?', vroeg Sherin. 'Ja, hoor', zei ik en liep naar binnen om bestek te pakken. We gingen buiten eten want het was heerlijk weer. Toen ik klaar was met het opdienen en lekker ging zitten, zag ik een vol bepakte ezel de heuvel opkomen. Daarnaast liep mijn neefje. 'Wat heeft die ezel allemaal op zijn rug?', dacht ik. Het leken wel plastic flessen en emmers. Ik stond op en rende de heuvel af. 'Wat heeft die ezel op zijn rug, Samir?' Samir keek me aan en zei: 'Gewoon water dat we elke dag ophalen en dat uit de rotsen komt. Je mag vanmiddag wel mee als je wil, want ik moet vanmiddag weer water halen'. 'Doen we', zei ik.

Het ontbijt was gezellig. De kinderen waren druk en er werd volop gegeten. Ik vond het brood wel lekker maar een beetje zuur en een beetje oud. Ik wist dat het niet het geval was, want het was nog warm van de oven waar het net vers in was gebakken. Sherin zei op een gegeven moment: 'We gaan vandaag naar de markt, want het is zondag. Vandaag hoeft Ismaël niet te werken en halen we samen boodschappen voor de hele week. Er is hier namelijk geen supermarkt en de markt is elke dag anderhalf uur lopen. Het is dus niet echt makkelijk om even snel melk te halen.'

We moesten allemaal lachen, behalve natuurlijk mijn oudtante, die me de hele tijd al freaky zat aan te kijken. Ken je dat?

Als mensen je aanstaren en je kijkt ze aan, kijken ze meestal weg. Gewoon omdat ze niet doorhebben dat ze staarden. Maar deze vrouw bleef je gewoon brutaal aankijken. Ze had ook van die diepliggende oogkassen. Haar priemende blauwe ogen waren omlijst met dikke eyeliner waardoor haar ogen nog dieper in hun kassen verdwenen. Ik voelde me best ongemakkelijk totdat ik haar blik gewoonweg ging negeren.

Enfin, de markt leek mij wel een leuk idee. Zoals ik het begreep, zou het geen Albert Cuypmarkt zijn. Sherin beschreef kramen die werden voortgetrokken met paarden en ezels en bij elkaar kwamen op het grote plein en een markt vormden. Alles was vers en elke kraam werd ook elke dag leeggekocht. Er waren namelijk twintig dorpjes afhankelijk van deze dagelijkse markt. Elke dag waren er wel tweeduizend mensen op de markt. Er waren 230 kramen, dus was het groots.

Drie uur later zag ik het met eigen ogen. Zoveel mensen bij elkaar had ik alleen tijdens Koninginnedag gezien; Mensen die door elkaar hun producten aanprezen en prijzen riepen. Op elke hoek leek er wel een verkoper van cassettebandjes te staan die op een liedje danste. Sommigen verkochten alleen Koran cassettebandjes en hadden geen muziek opstaan maar een man die heel mooi de koran voorlas. Volgens mij was ik de enige toerist daar; Iedereen staarde me aan! Ik dacht dat alleen mijn tante zo brutaal was, maar hier keek iedereen je de hele tijd aan. Als je glimlachte naar ze, glimlachten ze niet terug. Maar ze keken ook niet boos, gewoon verwonderd. En dat terwijl ik precies hetzelfde eruitzag: bruine huid, bruine ogen, zwarte krullen. Ik vroeg Sherin waarom iedereen hier staarde. 'Ze zien gewoon dat je niet van hier bent'. 'Hoe dan?', vroeg ik me af. 'Ik lijk precies op ze en ik heb een djellaba aan, dus ze zien niet dat ik hieronder buitenlandse kleren aan heb'. 'Ach kind, het lijken wel wolven, ze ruiken het gewoon', zei ze. 'Het is niet anders. Jij bent een buitenstaander en ze vinden het interessant om te zien hoe jij eruitziet, loopt en gedraagt. Het is niet iets ernstigs, ze zijn het gewoon niet gewend.'

Ik zuchtte en zei tegen haar: 'Weet je wat het is? In Nederland staren sommige mensen mij ook zo aan en dat zijn mensen die mij ook als anders zien. Ook al praat ik net als zij en doe ik dezelfde dingen, ze blijven toch staren. Ik ben daar geboren en dat is nu eenmaal zo. Maar omdat ik niet op ze lijk, beschouwen ze me als anders. Maar hier in Marokko word ik ook 'Hollandia' genoemd en zullen ze me ook altijd beschouwen als iets anders. Want ik ben niet hier geboren, dus ben ik anders. Het is verwarrend en ik hoop dat je me nog volgt maar het is iets wat ik nu pas besef. Ik ben overal 'anders': n Nederland een Marokkaan en in Marokko een Nederlander. Behalve voor mijn oudtante, want volgens haar ben ik Spaans.'

Sherin lachte en zei: 'Vergeet het. Jij bent jij en niemand anders. Niets anders meer, niets anders minder. Gewoon Hana. En als je oud genoeg bent, ga je lekker trouwen en je kinderen en je man verzorgen en gelukkig zijn. Of dat het nou in Spanje, Nederland of Marokko is'. Ik lachte ook en zei: 'Ja, misschien ga ik wel trouwen. Maar ik heb ook een ander doel dat veel belangrijker is en dat is schrijven als journalist'. 'Journalisten trouwen niet', zei Sherin. 'Die hebben het veel te druk met reizen naar gevaarlijke landen enzo'. 'Dan trouw ik niet, want ik vind het veel belangrijker dat iedereen de waarheid over alles weet. En dat ga ik opzoeken.' Sherin zei: 'Nou als je dat wil, dan moet je dat doen. Niemand gaat je tegenhouden'. 'En zo is het maar net!', zei ik vastberaden en samen liepen we verder, met onze hoofd omhoog, en deden onze boodschappen voor de rest van de week.

HOOFDSTUK 4

Vol van leegte

Zwarte Berg – 25 Augustus

Zwetend maar voldaan kwam ik aan op de top van de Zwarte Berg. Het was vijf uurtjes omhoogklimmen in de snikhete zon. Maar als je zag wat ik zag, dan zou je dat nog wel drie keer over willen doen. Als je lang keek, vermengden alle kleuren van de bergen zich tot een geheel. Je zag de olijfbomen hun takken zwaaien op het ritme van de wind. Hier en daar zag je wat bewegen. Ik wist dat het de wilde apen waren die hier in harmonie met de mensen leefden. Aan de linkerkant zag ik een beekje tussen de bomen dwalen, tot zover mijn oog reikte.

Een golf van euforie maakte me duizelig toen ik de scene in een blik wilde opvangen. Het kon natuurlijk ook zijn dat ik duizelig werd van de dorst die ik opeens voelde opkomen. Ik nam een flinke slok uit mijn waterfles en zei tegen Sherin: 'Bedankt dat je me dit laat zien. Het is geweldig!'

Sherin was uitgeput op een rots gaan zitten, maar haalde ook al de spullen uit haar tas voor een uitgebreide lunch. Ik liep naar haar toe om te helpen met uitpakken. 'Ik was alleen even vergeten hoe heet het hierboven was', zei ze. Ik lachte en gooide mijn petje op haar hoofd. 'Hier, ik was toch al van plan met mijn gezicht lekker in de zon te blijven.'

Sherin en ik hadden het kleedje gevuld met allemaal lekkernijen. Het brood vond ik nog het allerlekkerste. Ze kneedden het deeg en hun deeg is zuurder dan wat ik in Nederland was gewend. Ze gebruikten zuurdesem omdat het gezonder is voor je lichaam. De eerste keer vond ik dat het leek alsof ik oud brood at. Maar de tweede keer kon ik het erg waarderen en nu was ik er gewoon gek op.

Ook was ik dol geworden op de pure olijfolie die ze hier brouwden. Nog nooit eerder had ik de echte kleur gezien en smaak van olijfolie geproefd totdat ik in de bergen was. De kleur was goud, simpelweg goud. En de smaak was alsof er allemaal zonnestralen op mijn tong aan het disco dansen waren. Alles was verser, ik at zelfs een rauwe tomaat op mijn broodje. En dat terwijl ik in Nederland altijd ziek werd van rauwe tomaten. Ik begon ook meteen over het eten toen Sherin aan me vroeg hoe het in Nederland was. 'Ik vind wel dat we in Nederland lekkere snoepjes hebben en wij hebben snackbars. Daar kun je gewoon een lekkere bamihap krijgen of een kipcorn en lekkere ijsjes en frietjes'. 'Wat zijn frietjes?', vroeg Sherin me. 'Dat zijn gewoon aardappelen in een andere vorm en gefrituurd. We kunnen het vanavond maken als je wilt. Het is best makkelijk.'

Ze lachte en zei dat ze dat een top idee vond. Samen genoten we nog wat van het eten en het uitzicht totdat Sherin vroeg: 'Hey Hana, hoe zou je het vinden om hier nog een paar dagen langer te blijven? Er komt namelijk over twee dagen een hele leuke markt op het plein en ik vind dat je dat eigenlijk toch een keertje moet hebben gezien.'

Ik dacht na. Ik zou gisteravond al weg zijn gegaan. Maar toen vroeg Sherin me om te blijven zodat we nog een berg konden beklimmen. Daar was ik wel blij mee want nu zat ik op een mooie berg en ik vond het super om zo hoog te klimmen. Maar als ik hier nog twee dagen bleef, dan was ik al een week weg van mijn broertjes en dat hoefde ook niet echt van mij. Ik zei: 'Nou, weet je, Sherin? Ik mis mijn broertjes wel en misschien kunnen we dat volgend jaar doen als we weer naar Marokko komen. Want weet je, ik heb zo'n lol met jou gehad de afgelopen dagen, dat ik je nooit meer zal vergeten en elk jaar zal komen opzoeken'. Sherin moest opeens huilen en schoof naar me toe om te knuffelen. 'Ok, dat is wel een beetje overdreven, maar ik ga jou ook missen', zei ik tegen haar. Ze lachte door haar tranen heen en zei: 'Ok, ik snap het. Dan gaan we morgenochtend vroeg terug naar Tanger.'

De weg terug naar Tanger viel reuze mee. Ik werd helemaal niet ziek tijdens de busreis en Sherin en ik hadden onderweg veel om over te lachen en te praten. 'Ik weet zeker dat ik volgend jaar weer naar je toe wil komen, Sherin. Ik heb het echt gezellig gehad met jou, Ismaël en de kinderen. Zelfs mijn oudtante zal ik wel gaan missen. Ik voel nu namelijk een lege koude plek waar haar ogen normaal branden.' We moesten allebei lachen. Toen ging de telefoon van Sherin. Ze nam op en bleef enkele minuten luisteren, zei 'ok', hing op en keek me aan: 'Probleempje met mijn klant, schat. Ik moet op een andere locatie zijn op een andere tijd. Dus ik kan je helaas niet afzetten bij je oom thuis maar ik moet je op een taxi zetten, is dat ok?' 'Tuurlijk, snap ik helemaal! Gelukkig brengt de taxi me meteen naar huis. Wat ik jammer vind, is dat ik eerder afscheid van je moet nemen'. Sherin kreeg tranen in haar ogen en omhelsde me. 'Sorry dat ik dit moet doen'. Ik omhelsde haar terug en zei: 'Nou moet je niet overdrijven. Ik vind het heus niet erg om alleen in de taxi te zitten. Ik ben al blij dat ik deze busreis niet alleen af heb gelegd'. Maar ik moest ook wel huilen want ik wist dat ik haar minstens een jaar niet zou zien. Ik hoopte dat iedereen gezond zou blijven zodat ik ze volgend jaar weer kon bezoeken.

Tanger - later dezelfde dag

Eenmaal in Tanger aangekomen, hield Sherin een taxi aan. Ze gaf de chauffeur dertig dirham en zei dat hij het wisselgeld mocht houden, terwijl ik mijn tassen in de taxi gooide. Toen ik de taxi in wilde stappen, zei Sherin: 'Blijf sterk, en vergeet je doel niet'. Ik lachte naar haar en gaf haar nog een knuffel. 'Ik zie je volgend jaar, zelfde tijd?' En ik stapte in. We zwaaien nog naar elkaar en de auto begon te rijden. Ik zei niet veel in de taxi, maar dacht na. Ik dacht na over mijn week in de bergen. Ik dacht aan mijn broertjes en vroeg me af of zij mij net zo misten als ik hen. Ik dacht aan mijn moeder en hoe het feestje was geweest. Mijn moeder zag er altijd zo mooi uit als ze naar een feest ging.

Ze nam veel tijd en deed veel moeite voor haar verzorging. Ik vond het altijd superleuk om te kijken als mijn moeder zich opmaakte. Ik dacht ook aan Farida en vroeg me af of zij nog leuke verhalen had over de buurjongen.

Toen ik aankwam bij het huis van mijn oom, was ik zo blij dat ik er was dat ik bijna mijn tassen in de taxi vergat. Ik haalde ze er snel uit en stormde de trap op naar het huis van mijn oom. Hij woonde in een flat op de derde verdieping. Ik klopte aan en de deur ging open. De huiskamer was leeg, alleen mijn tante was thuis. 'Zo, daar is Hana. Hoe was je vakantie bij Sherin?', vroeg ze en nam mijn tassen aan. 'Hallo, waar is iedereen?', vroeg ik. 'Niemand is thuis, hoe was je vakantie nou?' 'Ja, was heel gezellig, Sherin en haar man hebben het heel leuk daar in de bergen. Is mijn moeder naar het strand?'

Mijn tante ging zitten en schonk twee kopjes thee in. 'Je moeder is niet naar het strand, Hana. Ze is naar Nederland'. 'Wat?!'riep ik. 'Wanneer?! Wat? Hoe bedoel je, ze is naar Nederland!?' 'Rustig maar', zei mijn tante. 'Jij blijft een jaartje bij ons om wat te leren over de Marokkaanse cultuur en je gaat ook hier naar school'. 'Wat?', riep ik weer. 'Ik ga hier niet naar school, ik ga al naar school in Nederland. Ik doe gymnasium, wat ga ik hier leren? Waar is mijn moeder, tante?' Mijn tante keek me aan en zei: 'Je moeder is in Nederland. Ze is eergisteren vertrokken.'

Ik rende meteen het huis uit en rende naar Marsa. Marsa is de haven waar de boot van Tanger naar Algeciras vertrekt. Het is een half uurtje lopen vanaf het huis van mijn oom. Ik deed er twintig minuten over om er te komen. Overal zocht ik naar de ingang voor de boten. Verderop zag ik een lange rij auto's. Ik rende langs alle auto's om te zien of ik de auto van mijn moeder zag. Tevergeefs, geen auto te zien. Geen moeder, geen broertjes.

Toen ik bij het begin van de rij aankwam, werd ik tegengehouden door een man in uniform. Hij vroeg me of ik mijn paspoort bij me had. 'Mijn moeder heeft mijn paspoort', zei ik. 'Dan moet je even teruglopen naar je moeder. Waar is je moeder?' Ik keek hem aan en zei: 'Ze is al terug naar Nederland, en ik moet ook terug!' De man lachte en zei: 'Als je moeder in Nederlands was, dan zou jij niet hier rondopen. Jij probeert gewoon zonder paspoort op de boot binnen te komen. Scheer je weg, voordat ik je pijn ga doen!' Ik schrok zo van zijn reactie dat ik meteen wegrende. Ik huilde en rende zover ik maar kon. Ik stond alleen, in een haven met niemand die mij wilde helpen.

Ik ging naar de plek waar ik zag dat je kaartjes kon kopen. De mevrouw van het loket keek me vriendelijk aan en vroeg of ze me ergens mee kon helpen. Ik vertelde haar dat mijn moeder mij had achtergelaten in Marokko en of ik mee kon rijden, want zij had mijn paspoort en ik kon niet zonder paspoort een eigen kaartje kopen. Ze keek me medelijdend aan en vroeg me of ik iemand in Tanger had om bij te blijven, want ze kon me niet aan een kaartje helpen. Ik zei tegen haar dat ik een oom in Tanger had en daar wel heen ging. Ik bedankte haar vriendelijk en liep verslagen richting het huis van mijn oom. Was ze nu echt weg zonder mij?

HOOFDSTUK 5

Muurvast

Tanger - 28 augustus 1999

'Maar ik wil helemaal niet hiernaar school. Ik wil naar mijn eigen school toe!', riep ik door de telefoon.

'Maak je nou niet druk, het is daar hartstikke leuk. En je gaat heel veel leren.'

Huilend zei ik: 'Maar ik wil niet hier zijn. Ik wil naar mijn eigen land en mijn vriendinnen en vrienden.'

'Geef je oom maar, want ik ga er nu niets aan veranderen. Jij blijft daar. Marokko is je land en volgende zomer kom ik weer en neem ik je weer mee naar Nederland.'

Boos gaf ik de telefoon aan mijn oom en liep ik naar het balkon. Toen ik die ene dag van de haven weer bij mijn tante aankwam, keek ze me aan met een blik die ik eerder had gezien, maar niet kon plaatsen. Het was een kille blik, en ik had 'm eerder gezien op de gezichten van mijn tantes en nichtjes van mijn vaderskant. Enfin, het was geen fijne blik.

'Zo, nu blijf je dus hier, bij ons', zei mijn tante klagend. 'Alsof mijn huis een villa is. Ik heb niet eens ruimte voor mijn was. Die man van mij is ook een mooie. Alles voor zijn lieve zusje maar aan mij denken ze niet meer'. Ze begon een beetje boos de aardappelen de snijden. 'Denk je dat ik hier wil blijven dan?', zei ik tegen haar. 'Ik moet over twee weken gewoon naar school en dit is pas mijn tweede leerjaar van het gymnasium. En mijn vriendinnen dan? Die weten niet eens waar ik ben! En waarom heb je dan niks gezegd tegen mijn oom en moeder? Ik bedoel, als er geen ruimte is en je bent er niet tevreden mee, waarom zeg je dan niks?'

Haar blik werd zachter en ze zei: 'Omdat niemand in dit huis naar mij luistert. Het maakt niet uit wat ik wil en wat mijn mening is. Het enige wat ik moet doen, is ervoor zorgen dat iedereen zich vermaakt zonder dat iemand aan mij denkt. Je oom verdient niet eens genoeg om ons te goed te onderhouden en nu hebben we er een mond bij. Maar het komt vast wel goed. Ik weet niet hoe ze dit geregeld hebben, maar je gaat hier in ieder geval over een paar weken naar school, hoorde ik ze zeggen.'

'Hana, Hana, Hana!'
Ik schrok op uit mijn gedachten en keek om. 'Hana, pa wil dat je even naar binnen komt'. Farida keek me met grote ogen aan en liep weer terug naar de huiskamer. Ik stond op en volgde haar. In de huiskamer zaten mijn oom en mijn tante, mijn neef en mijn nichtje en de zus van mijn tante die bij hen inwoont. Ik ging ook zitten en mijn oom zei: 'Nou, Hana. Je moeder en ik hebben besloten dat je een jaartje bij ons blijft om Arabisch en de Koran te leren. Zo leer je ook wat van ons cultuur en ons geloof. Ik ga hier een school voor je zoeken en over een paar weken begin je met je nieuwe opleiding. Tot die tijd ga je een beetje huishoudelijke dingen leren met je tante. Ik weet dat je moeder niet echt een keukenprinses is en het is belangrijk voor een vrouw om te weten hoe ze haar huis moet schoonhouden. Zo kun je een goede vrouw worden voor iemand.'
'Ik wil niet trouwen, zei ik. 'Ik wil naar mijn eigen huis en naar mijn eigen school.'
'Maar dat gaat nu eenmaal niet gebeuren', zei mijn tante. 'We gaan het heel gezellig hebben, en straks wil je misschien niet eens meer terug. Ik keek haar aan maar zei niks. 'Laten we het nu maar vergeten en de tv aan doen. Hana, wil je me komen helpen in de keuken? Ik ga het eten opdienen'. Mijn tante stond op en liep naar de keuken. Ik realiseerde me dat dit gewoon ging gebeuren. Ik zat vast, zonder paspoort. Twaalf jaar oud en niemand zou mij helpen. Dus stond ik op en volgde mijn tante naar de keuken.

De imam was opgestaan om een gebed voor te lezen om vier uur in de ochtend. Ik werd er wakker van en luisterde naar zijn stem. Hij had een mooie, heldere, warme stem wat veel prettiger was dan wakker worden met een wekkerradio. Ik ging rechtop zitten en keek in het donker om me heen. Hier sliepen wij ook, allemaal in de tweede huiskamer op de grond. De zus van mijn tante, Farida en ik sliepen aan de rechterkant van de huiskamer. Mijn neef sliep aan de overkant van de kamer. Het was rustig en stil. Iedereen sliep door de stem van de imam heen. Ik was hier nu drie weken en mijn nichtje ging al naar school, maar ze konden geen school voor mij vinden. Het Amerikaanse Instituut was al vol en er was een lange wachtlijst.

Toen de imam stopte, hoorde ik mijn oom wakker worden en de badkamer ingaan om zich klaar te maken voor het ochtendgebed. Over een paar uur zou hij naar zijn werk gaan en de rest ook wakker worden.

Farida en mijn neef maakten zich klaar om naar school te gaan terwijl ik samen met mijn tante het ontbijt klaar maakte. Tijdens het ontbijt zei ik: 'Waarom kan ik niet naar een van de scholen waar jullie op zitten?'

'Je kent nog geen Arabisch en zou de lessen niet kunnen volgen, zei mijn tante. 'Trouwens, binnenkort komt je oom vast wel met iets aanzetten. Vraag het hem gewoon niet elke keer want hij doet zijn best om een school te vinden, maar dat is best moeilijk. Je maakt hem alleen maar chagrijnig de hele tijd en daar hebben we allemaal niks aan.'

Ik zuchtte en brak een stuk brood af om nog een broodje klaar te maken 'Ehm, Hana?', zei mijn tante. 'Je moet een beetje zuinig zijn met het brood. We hebben maar genoeg voor vier stokbroden elke dag en we moeten allemaal nog eten. Dus nu we met zijn zessen zijn, moet iedereen het doen met een half stokbrood. Als je nu nog een broodje neemt, kan je vanavond geen brood meer eten' 'Meen je dat serieus?', vroeg ik mijn tante verbaasd. 'Ja', zei ze een beetje boos. 'Je moeder is niet echt iemand die eraan denkt dat we hier een extra mond moeten voeden en sinds er geen extra geld binnenkomt...'

'Maar mijn moeder zei nog aan de telefoon dat ze geld gaat sturen zodat ik ook winterkleding kan kopen enzo. Dus waarom zeg je dat mijn moeder geen geld zal sturen?' Ik stond boos op en liep naar het balkon. 'Het is al erg genoeg dat ik hier ben. Als mijn moeder ook geen geld gaat sturen, dan kan ik helemaal niks doen. Er wordt me net een broodje ontnomen, een simpel broodje!'

Mijn nichtje was beneden en liep richting haar school. Ze zwaaide nog even en ik zwaaide haar na. Mijn neef liep met een groepje jongens naar school. Hij keek met zijn vrienden ook omhoog maar ik negeerde hen.'Hana', hoorde ik mijn tante roepen. 'Kom naar binnen om me te helpen'. Dus daar ging ik, mijn vaste routine, mijn tante helpen met de afwas, daarna de huiskamer opruimen en de bedden, dekens en lakens opvouwen die dienden als onze bedden. Daarna vegen en dweilen, de was bij elkaar zoeken en de was doen. Dat deed ik in de eerste weken met mijn tante samen. Ze leerde mij hoe ik de was kon doen met behulp van een wasbord. Jemig, wat was dat zwaar, vooral met zware kleding zoals spijkerbroeken en truien. Intussen deed ik de was alleen. In die tijd maakte mijn tante nog extra brood met de hand. Nadat ik de was had gedaan, werd het voor mij tijd om naar de bakker te lopen. Wij hadden namelijk geen oven in huis, net als de meeste mensen in de buurt. Daarom is er in Marokko in bijna elke buurt een buurtbakker. Dit was ook het moment van de dag waar ik naar begon uit te kijken, omdat dit het enige moment was waar ik even lekker naar buiten kon. Dus liep ik altijd op mijn dooie gemak naar de bakker, zodat ik lekker lang buiten kon blijven. Eenmaal thuis was het alweer tijd om met mijn tante eten te maken. Mijn nichtje en neef kwamen dan thuis van school en dan was het pas een uur in de middag. Nadat we met elkaar hadden geluncht en de kinderen weer naar school waren, ging mijn tante altijd een dutje doen en had ik twee uur voor mezelf.

Helaas mocht ik dan nooit naar buiten dus hing ik meestal op het balkon of voor de tv waar ik niets van verstond of keek ik een beetje naar buiten. Soms zat ik wat te lezen in de strips die ik had meegenomen voor de vakantie.

Zo ging het dag in, dag uit. Ik wilde dat ik naar school kon want dit hield ik niet meer uit!

HOOFDSTUK 6

Kom niet op voor je recht

Tanger – 15 december 1999

'Waarom kan ik niet gewoon naar Nederland?! Er is nog steeds geen school gevonden en ik ben hier nu al drie maanden! Het is hier koud en ik heb geen winterkleding hier! Alleen mijn oude kleding die mij niet past en voor Farida was bedoeld, schreeuwde ik door de telefoon naar mijn moeder. Zij zuchtte en zei: 'Je tante en jij gaan binnenkort kleding kopen. Denk je dat het makkelijk voor mij is? Ik heb alleen maar een uitkering. Dat weet je en alles kost hier al zoveel'. 'Je krijgt toch kinderbijslag?!' schreeuwde ik terug. Mijn oom pakte de telefoon van me af en zei: 'Schreeuw niet tegen je moeder', en begon met haar te praten.

Ik ging naar het balkon waar Farida al zat en begon te klagen. 'Weet je, in Nederland krijgen ouders gewoon geld om voor hun kinderen te zorgen. Waarom stuurt ze dat niet op? Ik wil gewoon winterkleren hebben als ik toch hier moet zijn. En ik wil hier niet eens zijn. Ik mis mijn school en mijn vrienden en ik wil drop eten en patatjes oorlog. Er is hier niet eens satésaus!' Farida liet mij tieren en keek me alleen maar aan. 'Probeer wat zachter te praten, want straks krijg je daar ook gezeik mee', zei ze sussend. 'Ach, wat', zei ik boos. 'Ik wil hier niet zijn. Ik wil naar huis. Ik mis mijn vrienden, whatever! Jullie willen me ook niet hier hebben. Je moeder zegt dat vaak genoeg. Ze loopt altijd tegen me te klagen over mijn moeder en over het feit dat ik hier ben. Ik wil gewoon...'
Ik kon mijn zin niet eens afmaken want mijn oom stormde door de deur het balkon op. Hij trok aan mijn haren en sleurde

me naar binnen. 'Je moet niet tegen je moeder schreeuwen! God zegt je moeder te respecteren en verdomme, dat ga ik je leren ook!' Hij spuugde de woorden uit terwijl hij zijn riem pakte en mij in de hoek van de kamer dreef. Hij sloeg me een aantal keren met de riem. Ik was geschokt. Nooit had ik mijn oom boos gezien! En ik had nooit gedacht dat hij me zou slaan. Overal had ik pijn en ik begon te huilen. Hij keek me aan en zei: 'Morgen ga je nieuwe kleren halen. Je mag een broek en twee truien kiezen. Je krijgt ook een djellaba, want dat is handig als je boodschappen moet doen. Dan zie je er in ieder geval normaal uit.'

Hij liep de kamer uit en ging lekker voor de televisie hangen. Ik voelde me verschrikkelijk en helemaal alleen. Niemand kwam even bij mij zitten. Niemand kwam mij troosten. Ik ging naar het toilet en keek in de spiegel. Er liep een rode striem dwars over mijn gezicht. Dat ging nog een poosje pijn doen. Ik waste mijn gezicht met koud water in de hoop dat het niet dik zou worden. 'Schiet op in de badkamer. Je oom wil zichzelf klaarmaken om te gaan bidden, hoorde ik mijn tante zenuwachtig zeggen terwijl ze op de deur klopte. 'Ik kom eraan, ben al klaar', zei ik en deed meteen de deur open. Mijn tante keek me geschrokken aan en keek meteen weg. 'Nou, kom je me helpen met het klaarmaken van de bedden? Het wordt al tijd om naar bed te gaan', zei ze nerveus en quasi opgewekt. Ik liep met tegenzin achter haar aan.

Tien minuten nadat ik in bed lag, kwam Farida naast mij liggen. 'Sorry dat ik niet naar je toe kon komen om je te troosten. Maar als ik dat doe, krijg ik hem ook op mijn dak. En hij slaat mij veel harder dan jou, geloof me'. Ik keek haar aan en zei: 'Hij heeft het recht niet om mij aan te raken, en jou ook niet. Dit is gewoon belachelijk. Als ik mijn moeder de volgende keer spreek, ga ik het tegen haar zeggen en dan mag ik vast weer terug naar Nederland.'

Farida keek me aan en zei: 'Maak je maar niet druk. Je gaat binnenkort naar school en dan ga je het leuker vinden hier. Dan maak je ook vrienden en dan is het echt gezelliger'. Ze zag er zo blij en overtuigend uit dat ik het een beetje begon te geloven. Ik draaide mijn kussen om en zei: 'Je hebt vast gelijk. Ik ga lekker slapen nu. Morgen is een nieuwe dag, met nieuwe kansen.'

31 december 1999

Fijne millenniumwisseling. Er is hier geen vuurwerk. Het is elke dag hetzelfde.

18 februari 2000

Fijne verjaardag. Ik ben nu dertien jaar, ben 1.55 lang en weeg 32 kilo. Ik voel me moe en zwak en zit nog steeds vast in het huis als huisslaaf.

HOOFDSTUK 7

Spreek niet

Tanger – 2 mei 2000

'So this room will be your class. I am your private teacher, miss Halima' zei de lerares. We spraken Engels met elkaar. 'Dit zijn je lesboeken. We beginnen bij het begin en dat is het Arabische alfabet. Ken je dat, Hana?'

Miss Halima was een jonge vrouw met een streng hoofd en een lelijke jurk waardoor ze tien jaar ouder leek. "Ja mevrouw, toen ik in Nederland was, ging ik naar de moskee voor Arabische lessen, dus ik ken de basis, maar het zou fijn zijn om het alfabet samen op te frissen."

Ze leek tevreden met mijn antwoord en zei: 'Goed, sla je boek open op pagina zes en begin de tekst voor me te lezen." Ik begon moeizaam Arabisch te lezen. 'Deze tekst is niet getekend, ik weet niet welke letter ik als "a" of "o" moet uitspreken'. Ze onderbrak me geïrriteerd halverwege mijn tweede zin en zei: 'Je zei toch dat je Arabische les hebt gehad? Ik hoor het alweer, het gaat nergens over. Ik ben zo terug. Ze liep naar beneden. Ik had een moment om even goed om me heen te kijken. Dit huis had twee verdiepingen. Beneden was een kinderdagverblijf, buiten in de tuin was een leuke speeltuin voor de kinderen. Deze kamer was ook gezellig, maar volgens mij was het de keuken van het kinderdagverblijf. Wij zaten gewoon aan een keukentafel.

Ik stond op en liep naar het raam. Halima troostte een klein meisje. Ze was blijkbaar gevallen in het zand. Haar gezichtje en broek zat onder het zand. De andere juffrouw speelde met een paar andere kinderen bij de glijbaan. Dat meisje leek zelf ook nog jong. Ik draaide me om, liep weer terug naar de tafel, opende mijn schriftje en begon een verhaaltje te verzinnen.

In de polder leefde een kleine kever. Je kon hem vinden langs het water tijdens de ochtenduren. In de middaguren vond hij het leuk om even bij de mieren langs te gaan omdat ze altijd om twee uur precies gingen lunchen en hij vond het leuk om ze aan tafel te zien zitten. Net kleine soldaatjes. Soms vroeg hij zich af hoe ze smaakten...

De stem van Halima onderbrak mijn gedachten en mijn schrijven. "Ik heb een werkboekje voor je. Het is een gids voor het alfabet en basiswoorden die we normaal gesproken gebruiken voor kinderen in groep één. Aangezien je op dat niveau bent in de Arabische taal, stel ik voor dat je je potlood gebruikt voor de eerste opdracht". Ze ratelde door terwijl ze mij het boekje aangaf. Ik bladerde er doorheen en reageerde afwezig.

De weken die erop volgden, waren iets draaglijker. Ik ging elke dag van twaalf tot drie naar het kinderdagverblijf, leerde Arabisch lezen en schrijven, hielp met het kinderdagverblijf beneden en begon een band te vormen met Mina, de stagiaire. Op mijn eerste dag daar had ik al meteen een goed gesprek met haar.

'Ik heet Mina. Ik ben op dit kinderdagverblijf als opdracht voor school. Ik ben hier nu al drie weken en de kinderen zijn zo lief'. Mina was een lief, spontaan meisje van zestien jaar dat heel goed Engels sprak. Ik zei: 'Hey, ik ben Hana en ik ken van Tanger alleen het strand en het centrum. Ik kom uit Amsterdam, dat is in Nederland. Mijn moeder heeft me hier achtergelaten om naar school te gaan, en nu ben ik hier'. Ze keek me aan en zei: 'Waarom zit je niet op het Amerikaanse instituut? Want Halima is eigenlijk gewoon peuterleidster. Je zit niet echt officieel op een school, hoor'. Ik lachte en zei: 'Ach, ik ben al blij dat ik deur uitga. Het is bij mijn oom thuis geen pretje.

'Wat deed je toen je in Nederland was?' vroeg ze nieuwsgierig.

'Nou, ik ging naar een normale school. Ik deed gymnasium. Dat is een hoog niveau, daarna mag je meteen kiezen wat je wilt doen. Ik wil graag Journalistiek in Utrecht studeren. Als ik die opleiding af kan maken, kan ik me daar inschrijven'. Ik zuchtte en ging verder: 'Ik weet alleen niet of ik dat nu kan doen, want ik ga sowieso een jaar missen van mijn school.'

Halima riep naar Mina. 'Ik ben zo terug', zei Mina terwijl ze naar Halima rende. Ik moest even nadenken over wat Mina net had gezegd. Ik begreep van mijn moeder dat het onmogelijk was om op het Amerikaanse instituut te komen omdat de wachtlijsten zo lang waren. Maar waarom deed ze me dit aan? Ik was geen vervelend kind, ik kon goed leren op school en had nooit problemen op school of met vrienden op straat. Ik kwam niet in moeilijkheden. Het enige wat ik me kon voorstellen, was dat ze dit deed om wraak te nemen op me omdat ik bij mijn vader wilde wonen. Ik begon me af te vragen of de kinderbescherming iets voor me kon doen. Maar ik had geen idee, hoe ik aan hun telefoonnummer of adres kon komen.

Je vraagt je misschien wel af waarom ik zoveel weet over kinderbescherming, jeugdzorg en alimentatie. Het is eigenlijk simpel. Ik denk dat het tijd wordt om mezelf even voor te stellen. Ik ben Hana...

HOOFDSTUK 8

'Ik ben Hana' (1): Liever een jongen

Amsterdam – 24 januari 1996

Ik ben de dochter van twee gestoorde Marokkaanse mensen die ook hun eigen pad moeten volgen. Mijn vader was een emotioneel gebroken romanticus die verliefd werd op zijn twee jaar oudere verwend, maar knappe en populaire buurmeisje in Marokko. Hij was zestien jaar toen hij naar Nederland zijn vader achternaging en zijn toekomst begon op te bouwen. Hij werkte hard aan zijn carrière in hotelmanagement. Na een aantal jaren veroverde hij het hart van mijn moeder. Ze trouwden en maakten vijf mooie kinderen. Hun tweede dochter overleed helaas toen ze anderhalf jaar was.

Een klein jaartje na haar dood werd ik geboren. Ik denk dat mijn moeder mij altijd heeft gehaat en liever een jongen had gehad. Gelukkig kwamen na mij nog twee mooie jongetjes, dus hadden ze twee jongens en twee meisjes; het ideale gezinnetje, althans van buitenaf. Niemand wist wat er bij ons 's avonds gebeurde. Het was overdag gezellig, maar naarmate de avond naderde, werd het steeds verschrikkelijker.

's Nachts werd ik wakker geschud door mijn ouders die mij en de rest van het huis wilden laten zien waarom ze elkaar sloegen en wiens schuld dat nou eigenlijk was. Dan gingen alle lichten aan en werden de deuren bijna kapotgeslagen. De volgende ochtend werd iedereen altijd stil en moe wakker.

Mijn vader was altijd degene die het ontbijt klaar maakte en mijn haren kamde. Ik vond het heerlijk om naar school te gaan. Daar was het altijd leuk, ik leerde elke dag iets anders en ik leerde lezen en schrijven. Elke woensdag was er na schooltijd een kinderboekenclub in de bibliotheek. Behalve op woensdag ging ik sowieso elke dag na schooltijd naar de bieb, gewoon om te lezen totdat het etenstijd was. Na etenstijd ging ik altijd snel naar mijn kamer om mijn geleende boeken te lezen. Ik kon tien boeken per week lenen, en dat deed ik ook trouw.

Twee jaar voordat mijn ouders gingen scheiden, woonden mijn broertjes, mijn zus, mijn moeder en ik veel buiten het huis. We woonden op geheime adressen en moesten om de drie maanden verhuizen.

Opeens mocht ik mijn vader niet meer zien. Ik was erg op hem gesteld. Ik probeerde altijd bij hem in de buurt te komen, of anders ging ik gewoon naar hem toe. Ik wist waar ons huis was en ik wist er altijd te komen, terwijl ik nog geen tien jaar oud was. Amsterdam is de stad waar ik altijd verliefd op ben geweest en altijd zal blijven. Ik vond altijd mijn weg terug naar huis. En omdat hij mij aan het eind van de dag wel naar mijn moeder terug moest brengen, kwam hij er altijd achter waar verbleef en moesten we weer verhuizen. Maar dat hield mij niet tegen om naar mijn vader te gaan. Tot het moment dat mijn moeder een huis kreeg in Amsterdam Bijlmer.

Dat was voor mij geheel onbekend terrein. Ik heb eerst lang gedacht dat we buiten Amsterdam woonden.

Maar ik was wel gelukkig. We hadden een groot huis en iedereen had een eigen kamer. Mijn kamer was groot en ik had alles voor mezelf. Omdat ik altijd mijn kamer met mijn zus had moeten delen, was dit voor mij een verademing. Het was altijd gezellig bij ons thuis. Mijn moeder had eigenlijk een heleboel vrienden en vriendinnen die ik nog nooit had gezien en ze werd veel uitgenodigd om te gaan feesten. Elk weekend zag ik mijn moeder voorzichtig haar make-up opbrengen en ze veranderde elke keer weer in een prachtige prinses. Khadija, mijn zus, paste dan op en dat was ook altijd heel gezellig. Ik mocht het niet aan mijn moeder vertellen maar er kwamen altijd vrienden langs en dan gingen ze coole muziek luisteren, drinken en spelletjes spelen. Ik mocht helaas nooit de huiskamer in en moest altijd naar bed. Maar soms hadden ze het zo druk en gezellig dat ze niet goed opletten. Dan kon ik aan de deur meeluisteren en bij het raampje stiekem naar binnen kijken.

Op een avond gebeurde er iets heel spannend. Een van de jongens had "doen" gezegd tijdens het spelletje 'doen, durf of de waarheid' en iedereen begon te joelen. Mijn zus keek hem aan en zei tegen hem: 'Je moet je broek uitdoen en dertig seconden met je blote kont op het balkon staan'. Iedereen begon te lachen en ik dacht nog dat Khadija gek was geworden. Wat ik nog gekker vond, was dat de jongen lachend opstond en terwijl hij zijn riem losdeed zei: 'Ik doe het als jij met me meedoet'. De vrienden joelden nog harder en ik moest in mezelf lachen. Die jongen was ook gek geworden! Ik kon me niet voorstellen dat ze meeging naar het balkon. Maar wat ik zag, was nog veel gekker! Mijn zus stond op, knoopte onhandig haar broek open, want ze viel bijna twee keer om. Lachend renden ze allebei naar het balkon. Na tien seconden te hebben afgeteld, deed de beste vriendin van Khadija de balkondeur open en begon hard te lachen. Ik kon niet zien wat er gebeurde maar op een gegeven moment zag ik mijn zus en die jongen met een rood hoofd naar binnen lopen. Hij was zijn riem nog aan het vastmaken! Ik kon net op tijd snel wegduiken, want Khadija keek toch even naar de deur. Ik sloop stilletjes naar mijn kamer terwijl ik dacht aan wat ik net had gezien.

Karim – zo heette die jongen – kwam op een gegeven moment wat vaker langs dan de andere vrienden. Op een dag vroeg ik mijn zus of zij verkering had met hem. Ze keek me lachend aan en zei: 'Ja, ik vind hem erg aardig en hij is grappig. Maar niet tegen mama zeggen, ok? Zij vindt het niet leuk als ik een vriendje heb'. Ik keek haar aan en zei: 'Waarom zou mama het niet leuk vinden? Hij is toch aardig en grappig? Dus hij maakt je blij, dat is toch goed?'

Ze keek me aan en zei: 'Dat snap ik wel, maar mama niet. Zij gaat zeggen dat ik te jong ben en nog niet snap wat verliefd

is'. Verbijsterd zei ik: 'Je bent zestien jaar oud! In mijn boeken zijn die meisjes ook van jouw leeftijd als ze verliefd worden. Ik ben niet verliefd. Ik vind jongens aardig maar ook wel stom. Ze stinken en ze trekken zonder reden aan je haar'. Ik stopte met praten omdat mijn zus de hele tijd lachte. 'Ik ga echt niets zeggen tegen mam, ok?'
We keken elkaar aan. Op dat moment voelde ik een diepe verbintenis met mijn zus. Ik zou haar dagboek zijn en zij zou mij altijd beschermen want ik kon altijd alles eerlijk aan haar vertellen. Mijn zus stond op en trok haar jas aan. 'Wil je met mij mee naar buiten?', vroeg ze. Ik keek haar aan en sprong meteen van mijn bed af. "Ja! Cool, zeg. Waar gaan we dan?' Maar mijn zus had de deur al open en riep: 'Als je niet opschiet, blijf je thuis!' Ik stond op, deed mijn jas aan en rende naar de deur. Maar mijn zus stond in de keuken met mama. 'Ik wil zelf echt niet naar buiten, hoor! Ik moet gewoon mijn schrift ophalen bij Laura en dan kom ik meteen naar huis. Ik neem Hana ook mee. Waarom vertrouw je me niet?'. Mama was aan het afwassen. Ze draaide zich om naar mijn zus en zei: 'Fijn Khadija, neem Hana mee en ik neem de tijd op. Je haalt je schrift op en komt meteen naar huis. Je bent binnen twintig minuten weer terug'. 'Ja mam, ik ga nu en ben weer terug voor je het weet.'

Toen we eenmaal buiten waren, liepen we richting het school-pleintje. 'Khadija, waarom gaan we naar het schoolpleintje? We gingen toch naar Laura?', vroeg ik. Ze keek in de verte en wuifde met haar hand naar een groepje met een scooter. 'Ik heb hier met Laura afgesproken. Zie je, daar is ze al'. Ik zag dat Karim er ook was. Hij zat op de scooter en ik zag er nog een paar andere jongens bij. Wat voelde ik me stoer tussen al die grote coole mensen die sigaretten rookten en coole trucjes kenden met de scooter. Dat wist ik, want ik zag ze soms op de fietspad trucjes doen. Ik zette mijn grote meisjesgezicht op, deed mijn handen in mijn broek en leunde tegen het hekje aan, net als mijn grote zus. 'Waarom heb je die kleine erbij? Gaat ze ook blowen?', grapte een van de jongens. Ik mocht meedoen? Ik wist niet wat blowen wa maar ik was tien jaar en mocht meedoen met de grote kinderen. 'Nee joh sukkel, wat zeg jij?', zei mijn zus meteen. 'Beter zeg dat je 'm al gedraaid hebt want ik heb een moeder met een timer in de ene hand en een stok in haar andere hand.'

Ze begonnen allemaal te lachen en Karim haalde een buisje uit zijn jas. Khadija probeerde het uit zijn handen te grissen maar Karim was te snel. Ze gaf het op en gaf hem een aansteker. Hij haalde een witte sigaret uit het buisje en stak hem op. Khadija keek me aan en zei: 'Ga spelen, ga schommelen ofzo'. Ik wilde niet weg want Karim begon te hoesten en zijn hoofd werd zo rood als een tomaat. Iedereen lachte hem uit. Ik denk omdat hij er zo dom uitzag, met die sigaret op de grond en hij ernaast met een super rode kop.

Laura pakte de sigaret en nam ook een trekje. Ik vond het grappig om te zien dus ik deed alsof ik ging spelen. Maar ik keek alleen naar hun gekke gebaren en geluiden. Hoe kleiner de sigaret werd, hoe meer ze tegen elkaar gingen hangen. Karim startte zijn scooter, gaf vet veel gas en maakte rook. Ik ging wat dichterbij zitten. Khadija ging achterop zitten en ze reden weg. Ik rende naar Laura toe en riep: 'Waar gaat Khadija heen?' 'Ah joh, ze maakt gewoon een testritje. Ze is er zo weer. Jij bent toch lekker aan het spelen? Nou, toe maar. Waarom ga je niet van de glijbaan?'

Ze duwde me zachtjes richting de glijbaan en draaide zich om met de andere jongens verder te praten. Ik ging terug naar de schommel en vroeg me af hoelang het zou duren voordat Khadija terugkwam. Ik hoopte dat ze op tijd terug zou zijn zodat mama niet boos werd. Gelukkig kwam ze al snel de hoek om, met Karim achterop. Wow, mijn zus kon ook scooter rijden!

Ik rende uitgelaten naar haar toe terwijl ze weer bij het groepje aansloten. Mijn zus sprong op de rug van Karim en gaf hem een kus in zijn nek. Toen sprong ze van hem af en liep naar me toe. 'Kom zusje, we gaan terug naar huis. Hoe groet je mijn vrienden?' Ik draaide me om en maakte met mijn handen het Wu Tang symbool. Ze begonnen te lachen en groetten me terug.

Glimlachend pakte Khadija mijn hand en staken we over om naar huis te gaan. Mama stond bij de deur op ons te wachten.

'Khadija', schreeuwde mama. 'We zeiden twintig minuten en jij bent al zeker een uur weg! Waarom ben je zo laat?'

Khadija liep langs haar heen het huis in en zei: 'Nou, ik kan er toch ook niets aan doen als Hana zoekraakt? Of moet ik naar huis komen zonder haar? Ik heb haar helemaal in Reigersbos gevonden, hoor. En bedankt!', schreeuwde ze en smeet de deur van haar kamer dicht. Mama zag er boos en verward uit toen ze me aankeek. 'Waarom loop jij weg van je zus? Volgende keer kan je echt verdwaald raken en dan neemt iemand je mee. Wat ben je toch een zwever. Van hier naar daar, net een kip zonder'. Ze bleef maar tegen me schreeuwen en het enige waaraan ik kon denken was de leugen van mijn zus. Nu werd er zomaar tegen me geschreeuwd en ik had er niet eens iets mee te maken.

'Nou, wat heb je erop te zeggen dan?' Mama keek mij boos aan, met haar handen op haar heupen. 'Sorry, mama. Ik zal volgende keer niet een zwever zijn en beter opletten. Mag ik naar mijn kamer?'

Mama zuchtte diep en knikte. Uren later lag ik nog te malen in mijn bed. Waarom had mijn zus mij gebruikt en ook nog eens gelogen over alles? Nu leek het alsof het mijn schuld was dat we te laat waren. Ik had nog aangeklopt bij Khadija, maar ze reageerde niet eens.

De volgende dag vroeg ik haar ernaar toen ze mij naar school had gebracht. Het enige dat ze zei was: 'Schijt, niemand heeft toch straf of zo?'

HOOFDSTUK 9

'Ik ben Hana' (2): Zo terug

Amsterdam – 20 februari 1996

De voorjaarsvakantie was aangebroken en mama was de laatste tijd erg blij. Thuis was het overdag altijd gezellig en 's avonds kwamen er altijd vrienden en vriendinnen op bezoek. Ik ging elke dag met mijn broertjes naar het park om te zwemmen en om met onze vriendjes te spelen en te knikkeren. Ik had drie knikkers gevonden en nu had ik al een zak vol! Ik moest wel oppassen met mijn jongste broertje Marouan omdat hij die knikkers altijd wilde opeten. Marouan is autistisch, dus hij sprak niet. Hij zei altijd hetzelfde maar we wisten allemaal wat hij bedoelde.

Hij was namelijk niet achterlijk – integendeel – maar snapte gewoon niet dat als je iets deed, er een reactie volgde. En hij snapte niet wat goed en wat fout is. Dat was normaal bij een autistisch kind.

Nu ik er op latere leeftijd over nadenk, lijkt het me ook wel logisch. Als je niet weet wat de consequenties zijn omdat bepaalde hersencellen niet zijn verbonden, kun je dat niet 'achterlijk' noemen, meer 'een afwezigheid van'. Betekent dit meteen dat hij minder ontwikkeld is? Want aan de andere kant had hij op jonge leeftijd door hoe technologie werkt. En dan heb ik het niet over weten hoe een telefoon werkt, maar over een kapotte tv repareren, een scooter starten zonder sleutel en satellietontvangers verzetten van lokale zenders naar wereldwijde zenders. En dat op allemaal vijfjarige leeftijd. Maar het blijkt dus zo met autistische kinderen. Er is altijd een bepaalde deel van hun brein dat overprikkeld wordt; in zijn geval was dit de technische deel van zijn hersenen.

Maar goed, om even terug te komen op het verleden: op een donderdagmiddag kwamen we terug van het park en onze oude buurvrouw was bij ons thuis. Mama pakte haar tassen in. Youssef vroeg: 'Mama, waar gaan we heen?' Ze keek even op en zei: "Nou, mama moet even naar België, naar oompie'. We sprongen meteen op en neer. Bij oompie in België was het heel gezellig. We hebben daar veel nichtjes en neefjes en mama is er altijd vrolijk. Tante maakte 's ochtends ook altijd lekkere eiersalade met die gekke zure Belgische mayo. 'Hoelang gaan we dan, mama?', vroeg ik. 'Nou, jullie gaan niet mee, want ik moet heel veel doen en niemand heeft tijd om op jullie te passen. Maar hier is tante en die gaat op jullie passen'. Vrolijk keek Yulmiz ons aan en zei: 'We gaan het zo gezellig hebben dat jullie vergeten om mama te missen.'

Ik liep naar mijn kamer, keek uit mijn raam en zag die stomme jongens weer onder onze flat hangen met hun scooters en motoren. De Bijlmerboys... Blegh... Ze kwamen ook wel eens 's nachts en dan ging Khadija stiekem met ze hangen. Ik rende naar de keuken en pakte een ei, rende terug naar mijn kamer en gooide het ei op een van de jongens. Ik hoorde gevloek en deed snel mijn hand naar binnen. Ze komen er toch nooit achter, Hahaha! Ik vind ze stom, ze maken veel te veel lawaai.

Ik dacht weer aan de situatie thuis. Yulmiz was leuk, ik had haar lang niet gezien en we deden vroeger thuis ook altijd leuke dingen. Het werd vast heel gezellig.

'Hana! Kom je ook mama gedag zeggen?' Ik rende mijn kamer uit. 'Ga je nu al weg?' 'Ja', zei mama. 'Ik moet snel weg want ik word opgehaald'. Ze knuffelde ons allemaal en ging de deur uit. Natuurlijk wilden we allemaal snel naar het balkon om nog even uit te zwaaien. Buiten stond een rode auto klaar. Mohamed, een vriend van mama, zat achter het stuur. Een steek van jaloezie ging door me heen. Hij zou oompie wel zien en ik niet. Ik liet het snel los, want ik zag mama haar lieve glimlach naar ons gericht. Ze liep snel en stapte ook wel snel in, maar ze zwaaide totdat we de auto niet meer zagen.

We liepen naar binnen. Yulmiz was al in de keuken. Samen met Youssef liep ik ernaartoe om te kijken wat ze deed. Yulmiz haalde net een schaal uit de oven terwijl ze tegen ons zei: 'Nou kids, ik was al eerder hier en heb koekjes gebakken. Ze zijn nu al klaar maar ze moeten even afkoelen. Dus wie gaat me helpen met de tafel afruimen? Dan ga ik ook lekker thee maken en mogen jullie frisdrank als jullie willen. En dan gaan we samen bedenken wat we gaan eten.'

HOOFDSTUK 10

'Ik ben Hana' (3): Iedereen is zo terug

Amsterdam – 22 februari 1996

'Ik ben oma, ik ben oma, ik ben eindelijk oma!'
Jubelend rende Yilmaz door het huis. Ik keek haar aan vanaf de bank in de huiskamer en glimlachte breed naar haar. 'Is dit je eerste kleinkind?', vroeg ik haar. 'Ik heb mijn eerste kleinzoon gekregen, ik moet naar mijn dochter toe. Het kind is twee weken te vroeg geboren' zei tegen me terwijl ze naar mama's slaapkamer liep. Ik stond op en liep opgetogen achter haar aan. We gaan een baby bewonderen! Wat een leuke vakantie is dit, zeg!

Op dat moment ging de voordeur open en kwam mijn zus binnen met onze broertjes. Ik rende blij naar ze toe en riep: 'Yilmaz' dochter is bevallen en we gaan straks naar haar toe want Yilmaz zei dat ze er meteen heen moest omdat het kind te vroeg is geboren en...'
Yilmaz onderbrak me en zei: 'Nee, nee. Jullie kunnen echt niet met mij mee, hoor. Dat zal te druk zijn voor mijn kind en kleinkind. Daarnaast is Khadija al bijna zeventien. Die kan toch wel de laatste week op jullie passen? En jij, kleine Hana, bent ook eigenlijk niet klein meer. Ik ben over een paar dagen echt weer terug en zal jullie moeder ook op de hoogte houden.'
Maar hoe gaan wij dan boodschappen doen, dacht ik. Alsof zij mijn gedachten had gelezen, vervolgde Yilmaz: 'Khadija, hier is geld voor boodschappen. Ik heb al gekookt voor vanavond, dus dat kun je makkelijk opwarmen. Op de koelkast hangt een boodschappenlijst voor de boodschappen die je morgen zelf kunt doen. En ik ben over drie dagen weer terug hoor.'

Mijn zus was blij en zei heel volwassen: 'Dat zal wel goed komen. Ga jij maar lekker je reistas klaarmaken om naar je eerste kleinkind te gaan'. Gniffelend liep ze naar haar kamer en sloot de deur. Mijn broertjes waren tijdens het gesprek al verveeld geraakt en naar hun eigen kamer gegaan om te spelen. Yilmaz was al in de kamer van mijn moeder om haar reistas in te pakken. Zelf stond ik nog bij de voordeur. Ik vond het spannend dat we alleen thuis zouden blijven met mijn zus, want dat betekende dat zij deze vakantie met mij zou gaan spelen in plaats van de hele dag met haar vrienden op het pleintje te hangen. Maar ergens broeide een gevoel dat ik niet kon plaatsen. Was het verdriet, angst of toch gewoon de spanning? In mijn eigen gedachten verzonken, liep ik terug naar de huiskamer en plofte op de bank. Ik deed de tv aan, zapte naar The Box en keek onverschillig naar een videoclip van Def Rhymz. Mijn zus plofte naast me op de bank en woelde eventjes met haar vingers door mijn korte krullenkop om mijn aandacht op haar te vestigen. 'Hey kleintje, waarom kijk je zo serieus naar de tv? Het is een videoclip, geen documentaire, nerdje.'

Ik keek haar aan en zei: 'Ik weet niet zo goed hoe ik me moet voelen. Gaat het je echt lukken om voor ons te zorgen?'

Lachend zei ze: 'Duh! Ik zorg al voor jullie sinds mijn zesde, hahaha. Ik heb al jullie luiers verschoond, hoor. En daarnaast: bedenk eventjes hoeveel vrijheid we gaan hebben! Ik kan bijvoorbeeld mijn vriendje op bezoek hebben. En jij mag van mij heel lang opblijven en een vriendinnetje bij je laten logeren. Dat wil je toch al heel lang, maar het mag toch nooit van mama? En nu mag je van mij lekker op je bed avondeten enzo'. Ik moest lachen want zij wist hoe leuk ik het vind om in mijn bed te zitten en te eten tegelijk, want aan tafel mocht ik nooit een boek lezen en op deze manier kon ik dat allebei tegelijk doen. Het klonk op zich wel leuk en drie dagen waren zo voorbij, toch?

'Goedemorgen, je spreekt met Hana. Ik moet ontbijt maken voor mijn broertjes en ik vroeg me af hoelang het duurt voordat een ei hard gekookt is en ik lekker broodjes gezond kan maken?' De lieve mevrouw aan de telefoon vroeg mij hoe oud ik was en ik zei "tien jaar" want zo oud was ik. 'Het duurt tussen de twaalf en vijftien minuten als je een middelgroot ei hebt. 'Zijn je ouders niet thuis nu?' vroeg ze. Ik vertelde haar dat mijn ouders waren gescheiden en dat mijn moeder naar haar broer was. 'Is er een oppas aanwezig dan? En hoeveel broertjes heb je eigenlijk?' Ik vertelde haar dat ik twee broertjes had en een grote zus. De oppas was naar haar eigen kind en mijn zus was al twee dagen niet thuisgekomen. Ik voelde me veilig om dit te vertellen, want het was natuurlijk de kindertelefoon en met de kindertelefoon kun je over allés praten. Dat zegt de reclame ook. Bovendien kostte het mijn moeder niets omdat het een gratis telefoonnummer is. 'Heb je wel boodschappen thuis?', vroeg de vriendelijke dame. 'Nou, eigenlijk is alles bijna op. Maar ik kan wel bij de buurvrouw aankloppen als ik wat nodig heb.'

'En jij bent op dit moment de oudste in huis?'

'Ja, mijn broertjes zijn acht en vijf jaar. Maar ik wil u wel bedanken, hoor. Ik ga nu meteen proberen de eieren klaar te maken.'

Ik hoorde de vrouw aan de telefoon even zuchten. Daarna zei ze: 'Hoe zou je het vinden als wij even op bezoek komen om een beetje te helpen?'

Ik vond dat erg aardig van haar en gaf haar mijn naam en adres. We zeiden gedag en ik hing de telefoon op en liep naar de keuken. Mijn broertjes zaten al aan tafel en mijn jongste broertje speelde met het fruit dat op tafel lag. Ik nam de appel uit zijn hand en tuurde in de koelkast. Alles was bijna op en de melk moest ik weggooien want die stonk. Er lagen nog twee eieren in de koelkast, dus ik schilde voor mezelf de appel en maakte voor mijn broertjes broodjes gezond. Mijn jongste broertje wilde zijn Ritalin pilletje niet nemen dus was hij behoorlijk druk en driftig. Ik werd er zo moe van en was ook bang dat hij zichzelf pijn zou doen door iets te breken of zo. Dus deed ik wat ik mijn moeder ook had zien doen. Ik pakte mijn broertje en zette hem vast aan een kinderlijn die aan zijn bed zat. Zo kon hij in zijn kamer spelen zonder dat hij iets kapot maakte of zichzelf pijn deed en kon ik me concentreren op de afwas.

Opeens ging de bel. Vanaf het balkon zag ik twee onbekende mensen voor de deur staan, een man en een vrouw. Ik herinnerde me opeens dat de mevrouw van de kindertelefoon langs zou komen, maar ik vroeg eerst wie ze waren. De meneer keek omhoog en zei: 'Hoi, wij zijn gestuurd door de mevrouw van de kindertelefoon met wie je vanochtend sprak. Mogen wij naar boven komen?' Ik riep naar beneden dat ik dat gezellig vond en rende naar de voordeur om de deur beneden open te buzzen. Marouan was al uit zijn kamer en zei: 'We mogen niet zomaar de deur open maken, Hana. Straks zijn het dieven'. Hij ging achter mij staan en keek wantrouwig naar de mensen die in de hal van ons huis stonden. 'Maak je niet zo druk. Ik weet heus wel wie ze zijn, hoor. Zij beschermen kinderen. Dat is toch leuk en aardig van ze? Misschien doen ze straks ook boodschappen voor ons', siste ik zachtjes tegen mijn broertje.

'Ik heet Laura en dit is Wim. De mevrouw met wie je sprak, vertelde ons dat je twee broertjes hebt, klopt dat?', zei de mevrouw. Ze was op haar knieën gegaan dus was ze nu even groot als ik. De meneer keek om zich heen en schreef iets op. 'Ja hoor, dat klopt', zei ik. 'Mijn jongste broertje is in zijn kamer. Die heb ik aan zijn been vastgebonden, want hij is autistisch en ik heb ook een oudere zus, maar die is al een paar dagen niet thuis geweest. En zij heeft ook al het geld meegenomen dat ze had gekregen van onze oppas. Die is namelijk naar haar nieuwe kleinkind gaan kijken en ze zou een week geleden terug zijn komen. Maandag begint school en ik weet niet precies wanneer mama terugkomt, want dat heeft ze me niet verteld.'

De meneer ging de slaapkamer van mijn broertje in en kwam samen met hem terug. 'Ik vind het best moeilijk om voor mijn broertjes te zorgen zonder geld en eten. Jullie beschermen kinderen, toch? Kunnen jullie ook boodschappen doen voor ons totdat iemand die groot is terugkomt?' Laura keek zorgelijk en Youssef huilde aan een stuk door. Wim schraapte zijn keel en zei: 'Wij gaan even boodschappen doen en dan komen wij straks terug. We zullen elke dag langskomen tot je mama, zus of oppas terug is. Vind je dat een goed idee? Je mag alleen je broertje niet meer vastmaken aan het bed, wat dat doet hem misschien pijn.'

Verontwaardigd zei ik: 'Ik zou hem nooit pijn doen, mijn mama doet het ook altijd hoor. Die wil hem toch ook geen pijn doen?' Laura glimlachte heel lief naar mij en zei: 'Dat kan best kloppen, maar kijk eens naar zijn beentje? Die is helemaal rood en volgens mij huilt hij daarom. Je bent een flinke meid en je hebt het goed gedaan om even te bellen met de kindertelefoon.'

Ik keek en zag inderdaad dat zijn beentje helemaal rood was, met kleine striemen. 'Sorry, kleintje, ik wist niet dat het pijn deed. Knuffel?'

Hij sprong op mijn schoot, knuffelde me en werd meteen rustig. Ik kreeg een beetje het gevoel alsof iets misging, maar ik was ook blij. Ik had er toch maar voor gezorgd dat mijn broertjes en ik weer eten in de koelkast hadden. Het was nu vrijdag en na het weekend moesten wij naar school. Anders was het misschien niet gelukt om middageten mee te geven aan mijn jongste broertje, die met een busje werd opgehaald.

'We zien je dan straks, is dat goed?' Ik knikte, stond op en liet ze uit. Terug in de huiskamer zaten Marouan en Youssef naast elkaar. Youssef streelde zachtjes de wang van Marouan terwijl Marouan naar Cartoon Network zapte. 'Komen ze nu terug met boodschappen?', vroeg hij aan mij. 'Ja', zei ik. 'Ik zei het je toch: niets om je druk om te maken. Ze gaan gewoon oppassen tot Khadija, Yilmaz of mama terug zijn'. Marouan haalde zijn schouders op en ging alweer helemaal op in de televisie. Ed, Edd and Eddy stond nu op, dus hij had geen aandacht meer voor mij.

Ik liep terug naar de keuken, want de afwas was nog niet klaar. Terwijl ik opruimde, schoten er allerlei gedachten door mijn hoofd. Had ik het wel goed gedaan door die mensen alles te vertellen?

Straks kwam mijn mama in de problemen, want ik voelde dat er iets niet klopte aan onze situatie. Had ik misschien mijn vader moeten bellen? Ik droogde mijn handen af en liep naar de telefoon. Ik toetste zijn nummer in maar er werd niet opgenomen. Ik probeerde het nog drie keer, maar helaas zonder gehoor. Dat was ook zoiets typisch. Als je hem nodig had, was hij nergens te bereiken. Ik zuchtte diep en voor ik het wist, stonden Wim en Laura weer voor de deur, met een heleboel boodschappen. Samen legden we alles in de keuken. Wim gaf me zijn visitekaartje en zei dat ik hem altijd mocht bellen. En meteen moést bellen als er een volwassene thuiskwam.

Dat zou vast wel snel gebeuren. Ze konden toch niet eeuwig wegblijven? Hoe kon ik nou weten dat Wim en Laura van de kinderbescherming waren?

Mijn moeder zou dinsdag terugkomen. Ik reed dus dinsdagochtend in plaats van naar huis voor een broodje, met de metro door naar het Centraal Station om naar mijn vaders huis toe te gaan.

HOOFDSTUK 11

Uitstap en uitval

Tanger – 4 juli 2000

'Well, get up then.'
Ik keek juf Halima verward aan en zag dat zij haar jas al aan had. 'Waar gaan we naartoe?', vroeg ik. 'Ik zei het net al', zei ze geërgerd. 'We nemen de kinderen mee op een uitstapje'. Ze zuchtte en liep alvast naar beneden.

Het leek mij leuker om naar buiten te gaan met de kinderen en Mina dan in deze zogenaamde klas ze zitten met die nuffige Halima. Het bos boven Tanger was prachtig. Aan het eind van het bos kwamen we bij grote rotsen met uitzicht op het Middellandse Zee. We liepen via een klif naar een open vlakte met gaten in de grond. De juf begon te vertellen over de open graven:

'In de achtste eeuw voor Christus arriveerden de Feniciërs in Marokko en vestigden zich in Tanger. Als men het begin van de navigatie van de Feniciërs door de Straat van Gibraltar dateert rond 1520 voor Christus, dateren de oudste Fenicische overblijfselen van Tanger ongeveer uit –1450. Op dat moment vestigden ze hun eerste handelsposten aan de westkust van Marokko. De Feniciërs hebben hun sporen achtergelaten in de vorm van verschillende historische monumenten, waaronder graven met hun naam. Deze Fenicische graven liggen hier op de klif. Ze werden millennia geleden rechtstreeks in de rots gegraven.'

Het was mega interessant maar mijn gedachten waren er niet bij. Het was zo lang geleden dat ik een lekker onbezorgd dagje had gehad. Het was zo'n mooie dag dat ik aan de andere kant van de zee gewoon een van Spanje kon zien. Ik dacht aan de mensen die zichzelf met een bootje naar de overkant smokkelden en begreep opeens heel goed hoe ze zich hadden gevoeld. Althans, ongeveer. Want mijn echte leven was niet hier begonnen, zoals dat van die Marokkanen. Mijn leven was vier landen verderop begonnen. Ik was een geboren en getogen Amsterdammer en zag mezelf niet anders. Daar had ik mijn vrienden, mijn school, mijn krantenwijk, mijn karatelessen, de jongen met wie ik niet durf te praten, mijn dagboek (OMG mijn dagboek!) en vooral mijn vrijheid om naar de bibliotheek, bioscoop en naar het zwembad te gaan. En hier, wat deed ik hier? Opstaan, schoonmaken, kleren wassen met de hand en een pak slaag krijgen als ik om iets vroeg. En iets voelde niet goed als ik sliep. Ik droomde zo raar, ik werd constant wakker en had het gevoel alsof er iets...

'Hana! Ben je er nog?'

Ik probeer mezelf te concentreren op het gezicht van juf Halima. 'Nou, zit me niet zo schaapachtig aan te kijken. We moeten door, Hana', zei ze terwijl ze de kinderen in een nette rij probeerde te krijgen. Ik schudde mijn hoofd een beetje heen en weer, verontschuldigde voor het dagdromen en hielp Mina met de rugtasjes van de kids.

Eenmaal aangekomen bij het instituut stond mijn nichtje voor de deur op me te wachten. De kinderen gingen naar binnen en ik wilde hen achterna om mijn spullen te halen, toen Farida mij even tegenhield. 'Joh, je bent later dan normaal. Je weet dat we hier gezeik over krijgen. Kun je even aan je juf vragen om een briefje te schrijven dat je een uitstapje had, ik sta hier al een half uur. We zouden nu in principe met tien minuten thuis moeten zijn, dat gaan we never redden'. Ik keek haar geïrriteerd aan en zei: 'Is goed, ik zal het doen. Maar *damn!* Wil je niet zo paniekerig doen?' Ik liep naar binnen en legde juf Halima het probleem uit. Ze keek me eerst stomverbaasd aan en liep naar haar tafel. 'Morgen hebben jij en ik een serieus gesprek'. Ze gaf me het briefje en ik liep naar Farida.

Thuis aangekomen stond mijn tante al voor de deur. 'Waar bleven jullie nou? Hier Farida, ga naar de bakker en haal het gebruikelijke'. Ze negeerde me en ik liep langs haar meteen naar mijn oom toe. Er was bezoek; Mohamed, het broertje van mijn aangetrouwde tante. Hij had kanker. Iedereen was altijd blij als hij op bezoek kwam met zijn vrouw Marjam. Mijn oom keek me aan en ik gaf hem het briefje van de juf. Hij las het en bromde mij weg. Ik negeerde hem, ging naar Mohamed toe en gaf hem een dikke knuffel en zoen. Ik kroop tegen Marjam aan, want ik had een goede band met haar. 'Wanneer kom je mij nou eens een keertje helpen bij mij thuis?', vroeg ze.

Mijn tante antwoordde meteen voor mij en zei lachend dat ze me niet konden missen. Ik was net haar dochter. Ik sloot mijn ogen en liet het allemaal gaan. Als ik nu tegensprak, kreeg ik toch een stroom van scheldwoorden over me heen. Marjam streek over mijn haar en ging ineens heel rap Marokkaans praten. Ik voelde haar hart sneller kloppen en voelde haar boosheid. Maar haar handen streelden nog steeds teder mijn haar.

Ik wist dat ik hierover op een of andere manier gezeik zou krijgen, dus ik ging rechtop zitten en zei: 'Weet je tante Marjam? Ik vind het wel leuk hier hoor. Ik ga graag naar school en zou het ook niet leuk vinden als ik misschien een telefoontje van mijn moeder zou missen. Maar als mama terugkomt, dan kom ik zeker met haar op bezoek.'

Farida kwam binnen, en ik stond automatisch op om haar in de keuken. 'Heeft papa nog wat gezegd tegen je?', zei ze. 'Nee, maak je geen zorgen hoor', reageerde ik. 'Oompie Mo is op bezoek, dus ik heb hem gewoon het briefje gegeven. Meer niet.'

Intussen maakten we de thee klaar en bordjes met dadels, koekjes en croissantjes; waarvan ik al wist dat ik er niet van mocht eten. Plotseling hoorden we een harde dreun uit de huiskamer. Farida en ik keken elkaar aan. Het klonk alsof iemand keihard de voordeur had dichtgegooid. Mijn oom begon opeens mijn naam te roepen. Ik keek Farida nog een keertje aan. Ze fluisterde; 'WTF is er aan de hand?'

Ik haalde mijn schouders op en liep naar de huiskamer. Ik was nog niet binnen of ik werd verblind door letterlijk wit licht en pijn. Blijkbaar was ik bewusteloos van de klap, want ik werd wakker op de grond met een dreunende pijn in mijn gezicht. Ik zag alles wazig totdat ik doorhad dat ik door maar één oog kon kijken.

Boven mij torende mijn oom uit. 'Ik had je al gezegd: als we bezoek hebben dan ga je naar de keuken, slaapkamer of naar het balkon. Je blijft niet hier zitten. En waar denk jij dat je het recht vandaan kan halen om je te mengen in een gesprek? De volgende keer sla ik je en word je niet meer wakker. Dat zal het allemaal nog makkelijker maken.'

Hij keek nog een keer naar me en stormde toen het huis uit. Mijn tante liep op me af en Farida kwam met wat boter om op mijn gezicht te smeren. 'Dit is voor tegen de zwelling', zei ze zachtjes. Mijn tante keek me alleen maar aan en zei niets. Haar gezicht was gesloten maar haar ogen keken verdrietig. 'Ik kan niets voor je doen, je moet gewoon luisteren. Dit is zijn huis en zijn regels'. Ze draaide zich om en liep de keuken in. Intussen had mijn nichtje mijn slaapplek al klaargemaakt om te gaan liggen. 'Probeer te vergeten dat dit is gebeurd. Morgen kun je weer naar school'. Ze gaf me een kus op mijn voorhoofd, deed het licht uit en liep de kamer uit. Ik lag stil en moest even huilen. Dit voelde zo oneerlijk. Ik begreep niet waarom ik hier was, waarom mijn vader niet om mij vroeg, waarom mijn moeder mij hier had achtergelaten. Ik had pijn en wilde eigenlijk zijn ogen eruit krabben, maar hij was groter dan ik. En hij was mijn oom, ik moest hem respecteren. Maar ik wilde dat soort mensen helemaal niet respecteren, ook al was het familie.

Ik peinsde verder. Misschien had hij wel gelijk. Als ik doodga, is het inderdaad makkelijker voor mij, maar zij gaan pas echt spijt krijgen. Ik stelde mijn ouders voor, huilend bij mijn graf, en de rest van mijn familie. Ik moest gniffelen bij het idee en dacht: als ik doodga, gaat iedereen spijt krijgen en evenveel huilen als ik heb gedaan. Die gedachte bleef ik herhalen en herhalen tot ik de ochtend aanbrak.

HOOFDSTUK 12

Meer kleuren dan blauw

Tanger – 5 juli 2000

'*OMG Hana, what happened to your face?*'

Juf Halima was helemaal in shock toen ze de volgende ochtend mijn gezicht zag Ze raakte voorzichtig en teder mijn gezicht aan zei: 'Ik voelde al dat er iets mis was, maar dit is meer dan ik dacht. Wie heeft dit gedaan bij jou?' Ik keek haar aan en zei heel eerlijk: 'Nou, mijn oom vertelde mij om te liegen, maar eerlijk gezegd heeft hij dit gedaan. Wil je er alsjeblieft niets over zeggen, want anders gaat hij me misschien vermoorden!'

De juf begon te huilen en gaf me opeens een dikke knuffel. 'God gaat me niet vergeven als ik het toelaat dat een kind zo wordt behandeld, dus kom hier bij me zitten en vertel me nu eens precies wat er aan de hand is.' Ze leidde mij naar de tafel en ging theezetten terwijl ik mijn hart luchtte. 'Ik weet niet wat of waar ik moet zijn om terug te gaan naar Nederland', eindigde ik. Ze keek naar me, haalde diep adem en zei: 'Ik wil je kennis laten maken met een goede; oude vriendin van me. Ze is een drama lerares van een mobiele theaterbus en ze komt ook uit Nederland'. Mijn ogen puilden bijna uit van blijdschap. Juf Halima grijnsde naar me en vervolgde: 'Ik kan je alleen beloven – terwijl ze hier is – ik jou tijdens de schooluren met haar laat meegaan, om in ieder geval een aantal uur per dag iets leuks te gaan doen. Uiteraard vertel ik niks tegen je oom, want dat soort agressieve mannen zouden eigenlijk gestopt moeten worden. Ook al kan ik er volgens de wet er niets aan doen, ik kan je wel een beetje rust geven.'

Ik was zo blij dat ik een lichtpuntje zag dat ik over mijn eigen voeten struikelde terwijl ik wilde opstaan om de juf een knuffel te geven. 'Dank je, dank je, dank je!!! Ik kan niet wachten om haar te ontmoeten. Ze klinkt al geweldig. Halima lachte om mijn onhandigheid en enthousiasme en liet me los om naar de telefoon te lopen. 'Als je niet kan wachten om haat te ontmoeten. Wat dacht je ervan als ik haar nu probeer te bellen? Ik heb haar al een beetje verteld over je. Ik dacht dat het wel een leuk idee zou zijn, maar na wat je me net hebt verteld, lijkt me dit iets belangrijks.' Ik was zo blij dat ik alleen nog maar kon sniffen. Iemand die uit Nederland komt, is hier en wil met mij afspreken. Even lekker Nederlands praten en misschien kan zij mij op een of andere manier helpen. Hulp, want een fijn idee was dat. Alhoewel mijn gezicht echt pijn deed, bleef ik maar glimlachen en kijken naar de juf die aan de telefoon met de mysterieuze Angela een tijd afsprak. 'Ok, meid. Dan zie ik je over een uurtje bij het Hafa. Tot zo'. Ze legde de telefoon neer en zei: 'Nou, laten we ons klaarmaken, want het is dichtbij, maar we hebben niet zoveel tijd meer voor het drie uur is'. We liepen samen op straat richting café Hafa. Het leek op een doodlopende straat tot je ineens aan de linkerkant een deuropening zag, zonder deur. Ik vond het een beetje raar toen ik in een gang terecht kwam met een open dak en enkel witte muren. Ik liep aarzelend door totdat ik ineens alleen maar natuur zag. Overal stonden stoeltjes en tafeltjes en de plek was helemaal leeg. Er kwam een lange, vriendelijke man op ons afgelopen die ons hartelijk groette. Juf Halima zei iets tegen hem met een vriendelijk 'bedankt' en liep door naar achteren. Ik liep achter haar aan en zag ineens een prachtig uitzicht. Café Hafa ligt op een rots, met als de achtertuin de Middellandse Zee. Er waren zelfs stoeltjes op de rotsen gezet zodat je een beetje naar beneden moest klimmen om te kunnen zitten. Je kon de Marsa en de boulevard goed zien en, omdat het zo een heldere dag was, in de verte een deel van Spanje.

Ik genoot met volle teugen toen ik ineens op mijn schouder werd getikt: De vriendelijke meneer had een heerlijk bakje thee ingeschoten en er lag harsha[2] met La vache qui-rit[3] op tafel. Ik

---

2 Harsha is een Marokkaans panbrood gelaakt van griesmeel
3 La vache qui-rit is een Franse merk smeerkaas

nam het kopje aan en glimlachte vriendelijk naar de man. Ik ging naast Halima zitten en zei: 'Deze plek is zo prachtig! Ik ben al dankbaar dat je me hier naartoe hebt gebracht, het voelt zo fijn en veilig hier'. Halima glimlachte alleen maar.

Zo zaten we gezellig naast elkaar te genieten van de zon, de thee en het uitzicht. Ik was eventjes op vakantie in mijn hoofd tot ik ineens een stem hoorde: 'Joehoe, Halimaaa!'
Ik keek achterom terwijl Halima opstond en Angela tegemoet liep. Ze knuffelden elkaar en ik stond ook op terwijl ze naar me toe liepen. Angela leek op de hippies die ik op tv had gezien; lang donkerbruin haar met kraaltjes en veertjes erin, een wijde gekleurde broek met een kralen shirt en platte sandalen met gekleurde touwtjes. Haar ogen waren blauw en ze had een open, vriendelijk gezicht met een oprechte glimlach. Ik mocht haar meteen. "Hoi, Hana, ik ben Angela. Het is erg leuk om je te ontmoeten'. 'Ik vind het ook leuk. Ik heb al een tijd geen Nederlands meer gesproken met iemand. Dit is nu al fijn'. *Let's speak English for now so we don't exclude Halima*', zei Angela. *'No no no. You guys do your thing*', reageerde Halima. *'The whole reason is for you two to get together. Hana, I will pick you up in time, so you don't get any trouble in case people see you on the streets. Angela, I will see you in bit'.* Ze glimlachte naar ons en liep weg.

'Hahaha, typisch Halima; een koele kikker aan de buitenkant maar zo zacht als een donsdeken van binnen', zei Angela terwijl ze op een stoel neerplofte. Ik ging ook zitten en zei: 'Ik ben haar erg dankbaar dat ze me hier naartoe heeft gebracht. Ik dacht eerst dat ze me als een last zag. Maar het feit dat ze buiten schooltijd nog aan mij dacht, betekent toch heel veel voor mij.' Angela keek naar mij en zei: 'Ok, en nu ga je mij vertellen waarom je gezicht zo gezwollen en blauw is.'

HOOFDSTUK 13

Light from an Angel(a)

Tanger – 5 juli 2000

'Jeetje, dat mensen dit nog doen!'

Angela was best overstuur nadat ik haar een soort samenvatting had gegeven van wat er tot nu toe allemaal was gebeurd. Ze zag er boos en bezorgd uit maar ook krachtige, op een of andere manier. 'Dit zou gewoon niet mogen. En ik weet dat dit nog heel lang kan gaan duren als dit via het systeem moet'. Ze had een diepe frons op haar voorhoofd en ik kon zien dat ze diep nadacht.

Ik liet m'n hoofd hangen, want ik wilde haar helemaal niet verdrietig maken. Angela keek lang voor zich uit voordat ze langzaam zei: 'Er is een kleine kans dat ik je kan helpen. Ik weet niet of Halima je heeft verteld dat ik hier nog maar drie dagen ben voordat ik weer doorga naar Nederland? Ik wil je geen valse hoop geven maar ik ga kijken wat ik kan doen. Voor nu, laten we nog even lekker kletsen en...' Ze stopte ineens met praten en grabbelde in haar tas. 'Ik weet niet of je dit lekker vindt, maar ik heb wat dropjes. Misschien wil je er ook een?' 'Of twee, of drie?', lachte ik. Ik stopte een dropje in mijn mond en moest meteen denken aan mijn beste vriend Melvinio. Hij kocht elke verjaardag voor mij een grote zak zoute en zoete dropjes omdat hij nooit wist wat hij moest kopen. Ik heb materiële dingen nooit belangrijk gevonden. Ik vond (en vindt nog steeds) momenten en gedachten belangrijker dan een nieuwe Game Boy of zo.

De rest van de middag vertelde ik Angela verhalen over mijn beste vriend, school en natuurlijk over mijn broertjes en mijn grote zus, die ik nu nog meer miste dan ooit. Als zij wist dat ik in Marokko zat, dan had ze zeker een vliegtuig gepakt om mij op te halen. En ze had zeker mijn paspoort van mijn moeder kunnen afpakken. We bleven babbelen tot Halima er weer was. 'Kom op meid, schooltijd is voorbij en je nicht komt je over een kwartier ophalen'. Ik sprong op om nog even naar het toilet te gaan. Toen ik terugkwam, zag ik Halima haar tranen wegvegen. Angela hield haar hand bemoedigend op haar schouder en kneep er zachtjes in, waarop Halima zich met een glimlach naar mij omdraaide. 'We gaan ons best doen, in stilte. Dus stel geen vragen, lieve meid. Al wordt het moeilijk, we bereiden een plan voor en we bespreken het weer over een paar dagen', zei Angela. Op dat moment voelde ik me verbonden met deze twee vrouwen. 'Ik weet dat ik je net pas heb ontmoet, maar jij en Halima bestaan al als engeltjes in mijn hart. Bedankt dat jullie mij willen begrijpen'. Ze keken allebei erg lief naar mij en beiden pakten ze mijn handen vast. 'Komt goed', zei Halima opeens. Ik was geschokt. Dat Halima dit in het Nederlands zei en het zo goed uitsprak! Angela en Halima barsten allebei in lachen uit bij het zien van mijn gezicht.

We namen afscheid van Angela en gingen richting het kinderdagverblijf. Samen met mijn nicht liep ik naar huis. Ik probeerde naar haar verhaal te luisteren over iets wat ze had meegemaakt op school maar mijn gedachten gingen steeds terug naar mijn gesprek met Angela. Een plan was misschien niets anders dan een lichtpuntje dat nergens naartoe leidde. Maar het was een lichtpuntje in de toekomst en dat was meer dan genoeg om uit te kijken naar morgen.

Die avond kwam ik heel moeilijk in slaap. Ik keek heel erg uit naar de volgende dag. En wat een mooie dag was het geweest. Ik kneep mijn ogen dicht en wachtte tot ik in slaap viel. Maar midden in de nacht maakte iets me wakker. Ik opende mijn ogen en zag dat het nog nacht was. Iedereen sliep. Ik hoor mijn oom snurken in de andere kamer. Verder was het stil. Toch was er iets achter de bank, rechts van mij. Ik voelde letterlijk de energie. Ik ging weer liggen, deed mijn ogen half dicht en tuurde naar de rechterkant van de bank. Ik haalde dieper adem dan nodig was om net te doen alsof ik weer in slaap was gevallen.

Ik weet niet hoelang het duurde voordat ik langzaam iemand omhoog zal komen. Het was donker dus ik zag niet wie het was, maar ik herkende wel meteen het silhouet. Het was mijn neef die opstond en langzaam uit de kamer glipte. Mijn hart bonkte hard in mijn keel. Waarom had hij zich daar verstopt? Waarom werd ik wakker? Wat maakte mij wakker?

Ik kon bijna geen ademhalen. Allerlei gedachten raceten door mijn hoofd totdat ik de imam de mensen weer hoorde roepen voor het ochtendgebed.

HOOFDSTUK 14

Plannen die uitkomen

Tanger – 6 juli 2000

De volgende dag op het kinderdagverblijf zag Halima er opgeruimd uit. Ze viel meteen met de deur in huis. 'Goedemorgen Hana. Ik zat te denken om meteen door te gaan naar Hafa om Angela te zien, aangezien we gisteravond nog bij elkaar zijn gekomen en wat dingen hebben besproken. Ik ga straks nog wat regelen en boodschapjes doen. Geniet jij maar van je middag met Angela terwijl ik wat boodschapjes ga doen'. Mina stond bij de deur toen we weg gingen en vroeg aan Halima nog iets over de kids. Toen we aankwamen bij Hafa, zat Angela er al. 'Hey meid, hoe heb je geslapen?' Ik vertelde haar wat er was gebeurd en ze begon binnensmonds te vloeken. 'Kom, drink even wat thee en dan vertel ik je iets en daarna laat ik ook nog wat zien, ok?'

Ik was dolenthousiast en knikte heftig met mijn hoofd. 'Halima zei al dat jullie twee gisteravond nog bij elkaar waren. Dit geeft me hoop omdat ik serieus word genomen.'

'Ok. Zoals je weet, run ik een theaterbus. Dat betekent dat ik met diverse artiesten over de hele wereld reis om mobiele theatervoorstellingen te geven. Nu is er een kleine kans dat ik je kan meenemen naar Nederland als een van mijn leerling artiesten. Ik reis nu met een meisje dat twee jaar ouder is dan jij. Maar je lijkt veel op haar als ik je haar stijl. En als we eenmaal in Nederland zijn, kunnen we naar de kinderbescherming, daar je verhaal doen en je identificeren met je officiële paspoort. Je bent ontvoerd en *basically* gegijzeld. En dat is niet ok volgens onze wet. Maar om een beroep te kunnen doen op die wet, moeten we je eerst in Nederland zien te krijgen. Reizen met een paspoort dat niet van jou is, is ook een groot risico. Maar gezien de situatie wil ik dat risico en de consequenties wel op me nemen. We hoeven alleen over deze grens. Zodra we in Spanje zijn, is het al zoveel beter en bel ik meteen met de kinderbescherming. Dus dit is wat we gaan doen. En het gaat lukken.' Mijn hoofd begon te tollen van alle informatie die ik in een keer kreeg. Ga ik over een paar dagen al terug naar Nederland? Gaat dit echt lukken? Dit had ik niet verwacht. Deze vrouw wil gewoon een risico nemen om mij te helpen.

'Begrijp je een beetje van wat ik nou net zei?', vroeg Angela. Ik schudde mijn hoofd en zei: 'Nee, ja. Als ik het goed begrijp, ga je me smokkelen maar dan terug naar huis. Een omgekeerde smokkel'. Angela moest hard lachen en zei: 'Hahaha, ja inderdaad. Zo kun je het noemen. Je bent te slim voor je leeftijd, meisje. Ik weet zeker dat dit gaat lukken. En nu ga ik je wat *moves* laten zien om jezelf te beschermen tegen enge mannen.'

Ze leerde mij om uit een wurggreep te komen en om mijn benen te gebruiken om iemand van me af te schoppen. We lachten en deden de moves. Ik voelde me weer gewoon kind. De laatste maanden hadden mij echt een oud gevoel gegeven. Ik bedoel: ik was dertien jaar en ik zat alleen in Tanger met een vreemdeling mijn ontsnapping naar Nederland te plannen. Dat was meer iets voor in een boek of een film in plaats van in het echte leven. Maar hier zat ik dan, in het bos les in zelfverdediging te nemen. En zag dat als speeltijd omdat mijn realiteit op dat moment gewoon kut was. Dat het niet normaal was, begrijp ik nu – als volwassen vrouw en moeder – maar op dat moment gaven de lessen van Angela me een geweldig gevoel.

Halima kwam op de afgesproken tijd terug om weer naar het kinderdagverblijf te gaan. Maar ze had ook een paspoort in haar hand. De foto was die van een gewoon Marokkaans meisje. Als ik mijn haar zou stijlen en onopvallend gedroeg, zou ik wel op de boot terechtkomen. Eenmaal in Spanje was alles ok en was ik zo goed als thuis. Deze mantra herhaalde ik in gedachten tot ik weer thuis was.

Deze nacht werd ik ruwer wakker gemaakt. Ik voelde iets aan mijn voet. Mijn lichaam verstijfde een beetje en het gefriemel stopte eventjes. Ik concentreerde me en besefte dat het een hand was. Ik wachtte tot de hand bij mijn knie was gekomen en schopte keihard tegen het gezicht van mijn neef. Hij schrok, trok zijn hand terug en kroop zachtjes vloekend de kamer uit. Ik wilde schreeuwen maar er kwam geen geluid uit mijn keel. Alles voelde droog aan. Ik trok mezelf in een foetushouding en bleef de hele nacht naar de deur kijken.

7 juli 2000

De volgende ochtend hoorde ik mijn tante aan mijn neef vragen waarom zijn oog zo opgezwollen was. Ik hoorde hem zeggen dat hij 's nachts in een nachtmerrie tegen de tafelpoot was gerold. Hij ging snel de deur uit naar school. Ik kon het niet laten om even zachtjes te lachen.

Angela en Halima waren in een goed humeur. Ik vertelde Angela wat er was gebeurd. Samen lachten we m'n stomme neef uit. Ze werd wat serieuzer en zei. 'Als je dit vertelt aan je oom, gelooft hij je dan?'

'Mijn oom denkt dat zijn kinderen geweldig zijn en ik ben stront. Dus daar hoef ik niet lang over na te denken. En daarbij: ik ga toch snel weg en hoef ze dan nooit van mijn leven meer te zien. Dus maakt het echt uit wat hij probeerde te doen?'

Angela keek me aan en zei: 'Wat ben jij een sterk meisje, zeg'. Ze klapte in haar handen en zei: 'Ok Hana, geloof het of niet? Ik wil graag met je hier in het bos afspreken, morgen om tien uur afspreken op de plek waar we de afgelopen dagen heen zijn gegaan. Daarvandaan gaan we naar onze theater bus en doen we je haar terwijl we richting Marsa rijden om weer terug te gaan naar Nederland.'

Ik sprong jubelend op en neer en knuffelde Angela. Dit ging gewoon echt gebeuren! 'Lieve Hana, het is erg belangrijk dat je op tijd bent', ging ze verder. 'Ik kan niet wachten omdat ik weer op tournee moet. En de boot wacht op niemand, dat weet je.'

'Geen zorgen', zei ik met de grootste lach die ik had op mijn gezicht. 'Niks gaat me tegenhouden om hier morgen te komen. Ik ben het zo zat hier, ik hoor hier niet. Ik ben een Amsterdammer, dat is echt anders.'

HOOFDSTUK 15

Schaduwen op de loer

Tanger – 19 juli 2000

De laatste avond voelde echt fijn. Ik negeerde mijn neef en oom en hielp mijn tante in de keuken en met de was. Ik was in een goed humeur en maakte veel grapjes met mijn nicht en tante. Ik vond het niet eens erg om met een halfvolle maag naar bed te gaan.

Later op de avond hoorde ik mijn tante en oom nog met elkaar praten. 'Ik denk dat Hana nu eindelijk gewend is geraakt aan het feit dat ze hier zit', hoorde ik mijn oom zeggen. Ik ga lekker weg morgen, dacht ik blij. Het werd een tijdje stil tot mijn tante zei: 'Maar haar moeder moet haar echt onderhouden. Ik red het niet met het geld dat je me elke week geeft.'

Opeens hoorde ik een harde klap. 'Je hebt het maar te leren met het geld dat ik je geef en praat niet over mijn zus. Praat niet over dingen waar je geen verstand van hebt.'

Ik hoorde iets later de slaapkamerdeur dicht gaan en mijn tante huilen. Arme vrouw, ze doet toch wel haar best, dacht ik. Ik overwoog om op te staan en haar te troosten maar mijn eigen gezicht deed nog veel pijn en ik wilde niet nog een klap krijgen. Toch stond ik op en liep naar de huiskamer. Mijn tante zag me en veegde met haar handen over haar gezicht. Ze legde haar vingers op haar mond en wenkte mij naar de keuken. Eenmaal daar zei mijn tante: 'Voordat je iets zegt, wil ik graag dat je er niet mee bemoeit. Morgen wordt een betere dag, probeer maar weer te gaan slapen'. Ik schudde mijn hoofd en zei verontwaardigd: 'Het is niet ok dat mijn moeder niet helpt en het is niet ok dat jij wordt geslagen omdat je er iets van zegt. En hij mag niet tegen je zeggen dat je geen verstand hebt. Jij bent toch degene die boodschappen doet? Jij weet wanneer tomaten duurder worden en wanneer niet.'".

Ik raakte oververhit en begon luider te praten. 'Sst, sst, Hana. Je wil niet dat hij ons hoort. Hij zal nog niet helemaal in slaap gevallen zijn. Je oom heeft het ook moeilijk. Het gaat erg slecht in het restaurant waar hij werkt en hij is bang om zijn baan te verliezen en...'
'Dat is toch geen reden om het op ons af te reageren?', onderbrak ik haar. Ze suste mij weer en zei nogmaals: 'Ga gewoon naar bed Hana. Morgen is het weer een betere dag'. Ik glimlachte naar haar maar niet als in een samenzwering, zoals zij dacht. Ik dacht aan mijn vlucht morgenochtend om tien uur. 'Morgen wordt het inderdaad een betere dag', zei ik.

De volgende ochtend werd ik goed wakker. Ik begon meteen met de afwas en probeerde zo snel mogelijk klaar te zijn, om me extra goed aan te kleden om 'naar school te gaan'. Terwijl ik me aankleedde, stak mijn tante haar hoofd om de hoek van de deur en zei: "Vandaag ga je niet naar school. Je moet met mij mee naar de markt. Je neef heeft een karatecompetitie vandaag. Hij moet na school meteen gaan trainen en ik heb hulp nodig met dragen.'

Mijn hart stond even stil. Ik kon niet met haar mee naar de markt! Ik moest naar Angela om mijn oude leven weer terug te krijgen. Ik wilde weer terug naar school en naar de bibliotheek en het zwembad en de bioscoop. Ik wilde een patatje oorlog en een bamibal bestellen bij een snackbar. Ik miste mijn vrienden en mijn kleding. Ik probeerde niet overstuur te klinken en zei:
'Waarom moet ik vandaag mee naar de markt? Het was toch de bedoeling om mij naar school laten gaan?'
'Dat is inderdaad de bedoeling maar ik heb hulp nodig en jij moet mij helpen. Geen discussie mogelijk', zei mijn tante en liep naar haar kamer om zichzelf aan te kleden.
Ik probeerde snel na te denken. 'Tante, als jij normaal 's middags boodschappen doet, kunnen wij dat niet ook in de middag gaan? Dan kom ik eerder van school zelf naar huis'. Mijn tante trok haar djellaba over haar hoofd aan en zei: 'Nee, want ik ga

niet mijn tijd verdoen door iets 's middags te doen terwijl dat nu al kan. Ik zei toch einde discussie? Kom, we gaan.'

Ik keek vluchtig op de klok. Het was negen uur, ik kon niets doen. Ik liep achter haar aan. 'Naar welke markt gaan we eigenlijk?', vroeg ik. 'Ras Msallah', zei mijn tante. Ik begon weer na te denken. Die markt was een half uurtje van het bos vandaan. Als ik nou probeerde weg te lopen. Peinsde ik. Mijn tante had het ergens over maar ik was er met mijn hoofd niet bij. Ik knikte een beetje en probeerde me te concentreren op wat mijn tante zei. '... ligt eraan in welk seizoen we zijn. De groenten en fruit waarvoor het nu het seizoen is, zijn goedkoper omdat er meer van is. Het is eigenlijk heel simpel', legde mijn tante uit.

We waren aangekomen bij de markt en begonnen boodschappen te doen. Bij de slager keek ik snel naar de klok. Het was kwart voor tien en druk in de zaak. Dit is het moment, dacht ik. 'Tante, zal ik alvast twee porties kalinti[4] halen? We zijn bijna klaar en het ruikt zo lekker. Ik zie trouwens dat er daar een lange rij is. Zal ik alvast gaan staan?'

Mijn tante keek naar het vlees en ging wat afwezig akkoord. Dit is het laatste moment dat ik haar zie, dacht ik. 'Ik vond het gezellig met je', fluisterde ik en liep richting de rij van de kalinti man. Ik ging achteraan staan en keek naar de slager. Toen ik zag dat hij mijn tante hielp, begon ik de markt zo snel mogelijk af te lopen. Rennen in de menigte ging niet lukken, dat viel te veel op. Maar ik had nog maar een kwartiertje om daar te komen.

Eenmaal uit de markt begon ik te rennen alsof mijn leven ervan afhing. Ik dacht alleen aan Angela en de theaterbus, aan Nederland en mijn reis terug naar huis. Ik rende en rende en rende, tot ik aankwam waar we hadden afgesproken. Maar er stond geen bus, er was geen Angela. Er was niemand. Ik rende naar café Hafa, maar daar was Angela ook niet. 'Sorry meneer',

---

4 *kalinti is een vlaan of quiche-achtige gemaakt van kikkererwtmeel en eieren*

zei ik. 'Mag ik wat vragen? Is Angela, die Nederlandse vrouw met wie ik hier heb gezeten de afgelopen dagen, hier geweest?'

De vriendelijke man keek me aan en zei dat ze daar inderdaad eerder die ochtend was geweest voor een laatste bakje koffie. Ik begon te huilen en de man keek me verdrietig aan.

Ik rende het café uit en ging weer naar het bos. Hoe lang ik daar heb gezeten, weet ik niet. Maar ik heb gehuild tot ik dacht dat ik geen tranen meer over had. Ik overwoog om naar juf Halima toe te gaan maar besefte dat mijn oom daar zeker naar toe zou gaan om te zien of ik daar was. Zij zou wel denken dat ik nu onderweg naar Nederland ben, dacht ik. Of zou Angela haar hebben geïnformeerd? Zou Halima misschien naar het café komen om mij te zoeken? Ineens besefte ik dat ik niet wist waar ik naartoe moest. Ik kende niemand en had geen idee waar oompie Mo woonde. Ik liep nog even terug naar café Hafa omdat ik niets anders wist te doen. De man zag me en bood me een kopje thee aan. Ik zei dat ik maar twee dirhams had, maar dat wuifde hij weg en liep naar achter om thee te halen. Ik ging zitten en keek naar de boten die uit de haven vertrokken. Het schip waar ik op moest zitten, was al een hele tijd weg. Mijn ogen begonnen weer te tranen toen de vriendelijke man niet alleen thee maar ook mijn favoriete snack harsha bracht. Ik bedankte hem en at alles snel op. Blijkbaar was het hem opgevallen dat ik honger had, want hij zette nog snel een kop soep voor me neer.

Tijdens het eten kwam hij op een gegeven moment aan tafel zitten. 'Is de soep lekker?', vroeg hij. Ik knikte dankbaar en zei dat bissara[5] mijn favoriete soep was. 'Je bent nog te jong om alleen in een café te zitten. Was die vrouw je familie?' Ik schudde mijn hoofd. 'Mijn familie is in Nederland maar de broer van mijn moeder is hier. Daar woon ik nu maar ik vind het daar niet fijn'. 'Wie is je oom?', vroeg hij. Ik wist niet zeker of ik dat kon zeggen

---

5 *bissara is een gerecht gemaakt van gespleten bonen, knoflook, uien en diverse kruiden*

69

dus ik nam nog een lepel soep. Hij glimlachte en zei. 'Maak je maar niet druk. Ik ken hem waarschijnlijk niet eens. En ook al kende ik hem, ik ga niet zeggen dat je hier bent'. Ik slikte mijn soep door en noemde zijn achternaam. 'Dat is geen bekende van mij. Maar je moet hier straks wel weg want het wordt laat en dan komen hier oudere mannen spelletjes spelen en drinken. Daar horen geen jonge oogjes bij', knipoogde hij naar me. 'Ik ben een soort van weggelopen', zei ik, 'en kan dus niet terug.' Daar schrok hij wel van. 'Een jonge meid zou niet moeten weglopen. Iedereen zal erg ongerust zijn om je. Heb je nog meer familie waar je naar toe kunt? Hoe zit dat met die andere vrouw die je altijd bracht en ophaalde?'

Ik knikte en zei: 'Ja, ik hoopte dat zij mij misschien hier kwam zoeken'. 'Ik kan haar wel bellen als jij weet of ik haar telefonisch kan bereiken', zei hij. 'Ik weet het nummer niet maar ik weet wel de naam van het kinderdagverblijf'. Ik noemde de naam en hij liep weg om het op te zoeken. Ik nipte nog wat van mijn thee. Niet veel later kwam hij terug en zei: 'Heb jij even geluk. Ze klonk ongerust en blij en zei dat ze zo snel mogelijk zou komen. Het zou niet langer dan twintig minuten duren'. Ik was blij om te horen dat ze eraan kwam. Opeens besefte ik iets. "Zei ze echt twintig minuten?', vroeg ik. Hij knikte en liep naar een andere tafel om nieuwe klanten te verwelkomen.

Ik raakte een beetje in paniek. Het café was maar acht minuten bij het kinderdagverblijf vandaan. Waarom zou ze op haar dooie gemak hiernaar toe komen? Mijn familie is zeker bij haar! Ik moest hier weg en wel zo snel mogelijk! Ik stond op en stormde langs een paar klanten het café uit. Ik hoorde de man nog wat roepen, maar ik wilde zo snel mogelijk daar vandaan. Ik rende het bos in want dat was de andere kant uit. Maar omdat ik niet wist waar ik naartoe moest, rende ik maar richting de haven. Ik kwam het bos uit en stuitte op een aantal jongens. Ik bood mijn excuses aan en wilde terug. Maar een van de jongens hield mijn arm vast en trok me naar zich toe. 'Wat doe jij hier bij het bos alleen?', zei hij gluiperig. Ik probeerde me los te trekken maar hij hield me stevig vast. Ik dacht snel terug aan de lessen van Angela. Ik draaide mijn arm om de zijne heen zodat ik losraakte, schopte hem in zijn ballen en rende terug het bos in. Ik gilde de hele tijd want ze bleven maar achter me aan rennen en ik kende maar een weg. Ineens hoorde ik mijn naam en zag ik Halima met haar handen zwaaien. Ik rende haar kant op, waarop de jongens stopten met mij te achtervolgen. Maar niet ver achter Halima zag ik die klootzak van een oom. Hij keek furieus en agressief. Ik begon wat minder hard te lopen, me mentaal voorbereidend op wat er op me af zou komen. Halima keek gespannen. Toen ik aankwam, zei mijn oom: 'Waarom ben je nou opeens weggelopen van de markt? Weet je dat je tante helemaal overstuur was?! En als jij nog denkt dat jij naar Halima toe mag voor lessen, kun je dat echt vergeten. Ik ga je moeder bellen en alles uitleggen. Wat je hebt gedaan, is egoïstisch. Waarom denk je dat je het buiten beter hebt dan bij ons thuis?'

Ik keek naar Halima en zette grote ogen. Ze vormde een 'sorry' met haar mond en verstijfde weer. Mijn oom raasde verder. 'En wat voor junkie ben je dat je naar café Hafa gaat? Waar alleen dronkenlappen zijn? Gelukkig werd dit wijf gebeld terwijl ik daar was, anders had ik misschien niet eens geweten waar jij was. Denk je dat je moeder blij met mij gaat zijn als jij opeens verdwijnt?'

Hij sjorde aan dezelfde arm als waar die gast van zonet aan had getrokken en schopte en duwde mij over straat richting huis. Ik keek nog achterom naar Halima maar die zag er verslagen uit, met hangende schouders en haar hoofd omlaag. Ik huilde, maar was ergens ook blij dat mijn oom niet wist dat ik eigenlijk van plan was het land uit te gaan. Hij bleef me maar een hoer noemen die dronken werd in cafés. En eerlijk gezegd had ik dat liever dan dat hij de waarheid wist. Ik zei dus niets.

Eenmaal thuis aangekomen, zag ik mij niet naast mijn tante zitten. Mijn tante keek boos. Ze liep op me af en gaf me een harde klap in mijn gezicht. 'Dit was de laatste keer dat je buiten mocht. De deur gaat op slot als je alleen thuis bent. Geen school meer en de eerste maand niet op het balkon. Wie zei tegen je dat je van mij weg mocht lopen? Een beetje mijn vertrouwen beschamen? Rot op naar de slaapkamer', tierde ze verder. 'En ik hoef je niet te zien! Ook niet voor het avondeten. Want je hebt niets gedragen, maar mij als een sloofje met al die boodschappen naar huis laten gaan.'

Ik draaide me om en ging direct naar de kamer. Ik dacht echt dat ik hier niet meer zou zijn. Dit was een hel en een nachtmerrie.

HOOFDSTUK 16

Veilig in mijn gevangenis

Tanger – 7 september 2000

De daaropvolgende weken en maanden waren meer dan een hel. Ik mocht helemaal niets meer. Ik kreeg nog minder te eten en ik kreeg zelfs geen maandverband meer. Mijn tante had een oud T-shirt in vijf stukken geknipt en gezegd dat ik dat maar moest gebruiken en elke keer uitwassen, omdat ze niet nog een shirt wilde verpesten.

Als iedereen het huis uit was en m'n tante boodschappen deed, was de voordeur op slot zodat ik niet stiekem naar buiten kon. Mijn nachten werden elke keer verstoord door de grijpgrage handjes van mijn neef. Op een gegeven moment werd ik depressief. Ik was constant moe, wilde niet meer eten en deed de huishoudelijke taken op de automatische piloot. Als oompie Mo langskwam met zijn vrouw Marjam was het nog erg gezellig, maar zijn vrouw begon het op te vallen dat het niet goed ging met me. Ze was gewend dat ik altijd naast haar ging zitten en mijn hoofd op haar schouder vleide. Maar door de nieuwe regels van mijn oom mocht ik alleen maar groeten en moest dan terug naar de slaapkamer. Zo leek het alsof ik dat zelf wilde. Ik hoorde het gesprek tussen tante Marjam en mijn oom. 'Waarom komt ze niet meer bij ons zitten?' 'Oh, ze zit tegenwoordig graag in haar kamer om te lezen', loog mijn oom. 'Gelukkig gaat ze nog naar school, anders zou ze zich erg vervelen', zei ze. 'Ja hoor, ze vindt het erg leuk op het instituut, ze leert goed Arabisch', loog hij verder. Ik kromp ineen en begon zachtjes te huilen. Wat een vieze leugenaar! En als ik nu naar ze toe liep om iets te zeggen, zou ik nog meer over mij heen krijgen.

Ik bleef maar huilen en pakte mijn zomerboekje van de babysitters club dat ik al duizend keer had gelezen. Opeens kreeg ik een plannetje. Ik scheurde de eerste bladzijde uit mijn boek, zocht een pen en schreef in het Arabisch: Help me.

Ik propte het papiertje in mijn zak, liep de kamer uit en ging richting het toilet. Hiervoor moest je eerst langs de huiskamer. Ik liep langs iedereen en ik probeerde oogcontact te maken met mijn oompie Mo. Toen hij me zag, wenkt ik hem met mijn ogen en liep door richting de keuken naar het toilet. Ik hoorde mijn oom zeggen dat hij wat te drinken uit de keuken ging halen waarop zijn vrouw zei: 'Nee, nee, lieverd. Ik ga het voor je pakken, blijf maar rustig zitten'. Ik hoorde haar naar de keuken gaan om een glas water te vullen, rende het toilet uit, sprong de keuken in en gaf haar mijn briefje terwijl ik mijn vinger op mijn mond liet rusten. Snel liep ik door naar de huiskamer, om daarna weer de slaapkamer in te gaan. Mijn hart bonkte superhard en ik wachtte tot ik mijn tante weer naar de huiskamer hoorde gaan. 'Alsjeblieft liefste', zei mijn tante. Mijn oom zuchtte luid en bedankte haar. Niet lang daarna riep mijn oom mij om afscheid te nemen. Ik gaf iedereen een kus en een knuffel. Oompie Mo keek bezorgd naar mij en zijn vrouw gaf mij een extra kneepje. 'Komt goed', fluisterde ze in mijn oor.

Ik was opgelucht dat ze aan mijn kant stond. Ik vroeg me af hoe het goed zou komen. Maar nu wist ze in ieder geval dat mijn oom loog en ik dat ik niet gelukkig was hier. De rest van de avond probeerde ik me te concentreren op mijn boek maar mijn gedachten dwaalden steeds weg zonder dat ik er iets tegen kon doen. Ik bleef haar stem maar horen in mijn hoofd: 'Het komt goed, het komt goed, het komt goed.'

Maar het kwam niet goed. In ieder geval niet die avond.

Ik schrok wakker omdat ik haast geen lucht kreeg. De schok werd groter omdat ik zag dat de hand van mijn neef mijn mond afsloot terwijl hij zichzelf tegen mij aan drukte. Los worstelen ging moeilijk en mijn gevloek werd niet gehoord. Iedereen lag om me heen te slapen terwijl mijn neef mij verkrachtte. Ik voelde alleen maar pijn, woede en kou.

Het duurde niet lang geloof ik, maar het voelde als een eeuwigheid. Toen hij klaar was, zei hij: 'Niemand gaat je geloven. Je bent maar een Nederlandse hoer en dit was zeker niet je eerste keer'. Ik was compleet verstijfd en kon alleen maar geluidloos huilen. Mijn neef ging gewoon slapen en de daaropvolgende dagen werd ik steeds stiller. En ik ergerde me dood aan het feit dat hij gewoon deed alsof er niets was gebeurd. Hij ging naar school en naar zijn sport en niemand vermoedde iets, dacht ik. Totdat ik een keertje naar de bakker mocht om brood te kopen en ik de buurjongens tegenkwam.

'Ewa Hollandia, we zien je bijna nooit meer op het balkon. We dachten dat je terug was naar Nederland', zei Redouan. Ik stortte meteen in en begon te huilen. Redouan sprong van het muurtje en sloeg zijn armen om me heen. Ik sloeg ze weg en zei dat ik geen tijd had, omdat mijn tante mij timede voor het brood kopen. Intussen was de rest van de groep om me heen komen staan zodat mensen op straat mij niet meer zagen. Een van de jongens, Amir, vroeg me wat ik moest halen, pakte mijn geld en ging de boodschappen voor me doen zodat ik wat tijd had om de jongens uit te leggen wat er was gebeurd. 'Mijn neef...', begon ik. Ik haalde diep adem en zei: 'Mijn neef heeft mijn bloem gestolen'. 'Huh? Wat bedoel je?', zei een van de buurjongens. Ik begon te stotteren maar Redouan stopte me. 'Ik leg het wel uit, ik snap je. Sorry dat je het op die manier hebt moeten meemaken.'

Amir kwam aangerend met mijn brood en kleingeld. Redouan legde zijn hand op mijn schouder en zei: 'Ga naar huis. Probeer er niet meer aan te denken'. Ik liep verward weg en wist even niet wat ik moest denken. Had ik het niet moeten zeggen tegen die gozers? Straks praten ze er met mijn neef over of geloven ze me niet.

Op het toilet kreeg ik een kleine paniekaanval. Ik kalmeerde mezelf door terug te denken aan groep drie. Ik dacht aan mijn juf Betty, aan haar vriendelijke gezicht en aan haar woorden:

'Hoe weet je dat zo zeker dan, Hana?', vroeg juf Betty. 'ik weet het niet juf, maar het ziet eruit alsof het niet klopt of zo'. Juf Betty liep naar het bord en zei: 'Lees ze allebei hardop'. 'Duidelek, Duidelijk', zei ik. Juf Betty keek me aan en zei: "Het eerste woordje klinkt toch beter dan de tweede?' 'Ja juf, maar toch is het fout. Want het woordje ziet eruit alsof het niet klopt. Ik kan niet uitleggen waarom. Sorry juf'. Ik voelde me dom en leeg op dat moment. Ze lachte en zei: 'Nee, nee. Je hoeft je niet te excuseren, want je hebt gelijk. Je schrijft het met een lange ij. Ik was gewoon benieuwd hoe je daarachter kwam. Je bent een pienter meisje'. Ineens werd dat lege gevoel gevuld met een trots. De juf zei in de klas, waar iedereen bij was, dat ik pienter was. Ik was pienter.

Deze herinnering bracht mij kalmte en rust. Ik haalde diep adem, ging het toilet uit en deed mijn huishoudelijke klusjes op de autopiloot tot mijn nicht en neef terugkwamen van school. Tegen de tijd dat ik ze thuis verwachtte, hoorde ik een heleboel commotie op straat. Ik rende naar het balkon om te zien wat er aan de hand was. Ik kon niet zien wat er gebeurde, want alles gebeurde onder het balkon.

Opeens hoorde ik meerdere stemmen galmend in de gang. Liepen ze nou de trap op? Ik keek uit het raampje en zag een groepje jongemannen iets naar boven dragen. Mijn tante was intussen wakker geworden van het lawaai en liep naar de deur. Ik was ook de kamer ingelopen. De deur was nog niet halfopen toen vier onbekende jongens naar binnen stormden. Ze droegen mijn neef; hij was helemaal bebloed, zijn gezicht was opgezwollen en zijn kleding gescheurd. Ik zag bloed over zijn hele benen.

Ik bleef staan en keek hem aan. Hij schreeuwde van de pijn en mijn tante viel huilend over hem heen, maar ik hoorde ze niet. In mijn hoofd bouwde ik een feestje; ik jubelde, ik lachte, ik had een feestmuts op. Mijn tante stond op en keek me aan met haar mond open. Ik schudde mijn hoofd een beetje en hoorde haar stem terugkeren. '...sta je daar als een idioot! Ga water en doeken halen!', schreeuwde ze.

Ik liep langzaam naar de keuken terwijl ik luisterde naar een van de jongens. Hij vertelde mijn tante wat er was gebeurd. 'We liepen de schoolpoort uit toen er ineens zes jongens met kettingen en stokken uit het niets recht op Mounir afkwamen. Ze waren alleen op hem gericht en helemaal... Nou ja, u ziet het.' Ik kon alleen maar glimlachen. Ze hadden me gehoord en geloofd. Ze hadden gedaan wat ik niet kon: hem het pak slaag gegeven dat hij verdiende. Ik liep de huiskamer in en gaf het water en de doeken aan mijn tante. Ik probeerde mijn gezicht in de plooi te houden. Maar toen ik zag dat hij zijn ogen opende en naar me keek, gaf ik hem de allergrootste glimlach die ik had. Ik liet hem via mijn lach weten dat ik ervan genoot, misschien wel meer dan dat hij had genoten van mijn verkrachting. Hij heeft me daarna, tijdens mijn verblijf daar, nooit meer aangekeken of aangeraakt.

Ik had hem verslagen.

HOOFDSTUK 17

Pak je kracht

Tanger – 5 oktober 2000

Oompie Mo kwam de laatste tijd vaker op bezoek met zijn vrouw Marjam en als ze er waren, was het altijd gezellig. Met Mo ging het helaas steeds minder omdat hij longkanker had. Hij moest vaker in het ziekenhuis in de stad zijn en ook naar Rabat toe. Daar hadden ze het beste ziekenhuis van Marokko voor de behandeling van kanker.

Omdat hij niet in de buurt van het ziekenhuis woonde en wij in de stad, bleven ze bij ons logeren. Hierdoor kreeg ik heel wat meer lucht. Mijn tante Marjam nam me mee naar buiten om boodschappen te doen. Of ik hielp met koffers dragen naar het busstation als ze naar Rabat moesten. Dankzij hen kreeg ik een deel van mijn vrijheid terug. Gelukkig maar, want rond die tijd was mijn oom werkloos geworden en was mijn tante gaan werken in een naaiatelier. Hierdoor werd mijn band met mijn tante sterker, op een vreemde manier. Nu ik terugkijk, denk ik dat dit komt omdat ook zij een deel van haar vrijheid terug had gekregen. Ze was een lieve vrouw maar droeg gewoon veel lasten op haar schouders. Omdat mijn oom een luie psycho was, moest ik haar elke dag om twaalf uur van haar werk ophalen om samen terug naar huis te lopen. Tijdens die dagelijkse wandelingen leerden we elkaar beter kennen. Ze begon mijn vrolijke persoonlijkheid te waarderen en vertelde meer over zichzelf en haar geschiedenis. Het waren leuke gesprekken. Ze genoot van mijn schoolverhalen en random weetjes.

Op een middag haalde ik haar op en vroeg haar of ze kon lezen. Ze zei dat ze nooit naar school was geweest dus nooit had leren lezen. Ik durfde daar wat dieper op in te gaan en vroeg haar of ze dat niet wilde leren. Ze was even stil en opeens zei ze: 'Weet je, sommige vrouwen met wie ik werk, gaan na werktijd naar Koran les naast het atelier. Ze leren daar ook lezen.' Ik werd enthousiast en zei: 'Meld jezelf aan! En ja, oom gaat het niet goed vinden. Maar wie zegt dat hij iets moet weten? Zeg gewoon dat je een uurtje langer moet werken.' Ze moest lachen en zei dat ze erover zou nadenken. De hele weg naar huis noemde ik dingen op die ze zou kunnen doen en was het gewoon gezellig. Ik voelde me ook sterker omdat het voelde als een kleine samenzwering met haar, tegen mijn oom.

Nog geen paar weken later vertelde mijn tante tijdens het avondeten dat ze vanaf de volgende dag een uurtje langer moest werken. Mijn oom kon niets anders dan brommend toestemmen. Ik was erg trots op haar en moest een grote glimlach onderdrukken. Ze gaf me een knipoog toen mijn oom zei dat ik nu eerder naar de bakker moest, zodat ik op tijd mijn tante van haar werk kon ophalen. Ik knikte en at heel tevreden mijn eten op.

Voortaan gaf mijn tante elk begin van de maand honderd dirham om te verstoppen en eind van de maand stopte ze die 'extra' honderd dirham in de envelop om af te geven aan mijn oom. De rest van de weken draaiden onze wandelingen over de lessen die ze kreeg. Ze vertelde over de rol van de vrouw in de islam en ik zag haar letterlijk elke dag sterker in haar schoenen gaan staan. Daardoor voelde ik mij ook sterker, omdat het ons ding was. Ik herinner me zelfs het moment dat ze haar kracht toonde. We waren keken allemaal tv toen een reclameblok begon. Ze las opeens: 'Ish Har', de Arabische naam voor het reclameblok op tv. Met een ruk keek ik haar kant op en ze zei: 'Ik heb dat gelezen. Ons atelier geef namelijk ook les'. Mijn oom sprong woedend op maar voordat hij wat kon zeggen, vervolgde ze: 'We krijgen ook koranles, Abdel.' *Wist jij dat Khadija een onafhankelijke, vrijgezelle vrouw was met een familiebedrijf dat ze heeft overgenomen van haar vader en zelf beheerde, en dat in een tijd dat de meeste vrouwen niets zelf mochten doen. Wist jij dat zij hem ten huwelijk heeft gevraagd via haar vriendin? Wist jij dat In eerste instantie hij haar handel over nam en deed zijn plichten als echtgenoot en vertegenwoordiger met veel succes deed, zodat zij haar rust kon pakken en zich kon concentreren op haar plichten en rechten als echtgenote? Wist jij dat Khadija degene was die hem heeft gemotiveerd door de zaak weer over te nemen en hem verzorgen zodat hij vele maanden van beschouwing en eenzame aanbidding kon doorbrengen in de bergen en in de grot Hira. Onze profeet heeft nooit getwijfeld aan de wijsheid van zijn vrouw. In de Koran wordt de vrouw omschreven als een waardevolle diamant. Compleet ruw en ongeslepen. Ik doe alles wat ik kan doen als vrouw, moeder en echtgenote en ik heb het recht om zodanig behandeld te worden."* We waren letterlijk allemaal verstomd. Ik juichte als een malloot in mijn hoofd voor haar.

Mijn oom ging weer zitten en keek naar zijn handen. 'Ik ben trots dat je leert over de islam', zei hij en stond op om naar zijn slaapkamer te gaan om zich klaar te maken voor zijn avondgebed in de moskee. Mijn tante was helemaal roze geworden en toen we zeker wisten dat hij en mijn neef wegwaren, begon ik te jubelen van trots. De zus van mijn tante was nog steeds verward en mijn nichtje sprong op om haar moeder te knuffelen. 'Oh mama, wat goed van je dat je leert lezen', zei mijn nichtje verheugd. De zus van mijn tante feliciteerde haar ook hartelijk nadat ze was bijgekomen. 'Ik had nooit verwacht dat ik hem met zijn mond vol tanden zou zien staan', hahaha'. 'Ja', onderbrak ik haar. 'En wat wou hij gaan doen? Discussiëren met de Koran?' We waren allemaal vrolijk en het voelde echt als een uitlaatklep, een kleine overwinning voor de vrouwen in dit gezin. En een persoonlijke overwinning voor mij. Want sindsdien gaf mijn tante me niet zoveel zwaar werk meer en mocht mijn nicht me eindelijk helpen met mijn huishoudelijke klusjes. Ik kreeg zelfs mijn balkon vrijheid weer terug. Op dat moment wist ik niet dat er nog een kleine overwinning om de hoek wachtte.

HOOFDSTUK 18

Een brief vol hoop

Tanger - 10 januari 2001

Ik begon te aanvaarden dat ik nu eenmaal hier woonde en probeerde het zo leuk mogelijk te maken. Tot ergernis van mijn oom deden mijn tante en ik samen haar huiswerk waardoor mijn Arabisch ook verbeterde.

Wat mij ook veel rust gaf en hielp de dagen door te komen, waren mijn gebeden. Ik kon van elke situatie weglopen en mijn rust vinden. Het voelde goed om te praten tegen iemand die voor mijn gevoel wel luisterde, maar niks aan mijn situatie kon doen. Via de lessen van mijn tante leerde ik ook meer over het geloof. Er werd prachtig gesproken over het pad, je bestemming; het grotere plaatje dat wij als we geluk hebben, pas achteraf zien. En de vragen die ik niet kon beantwoorden, nam ik op in mijn gebeden. Ik filosofeerde soms wel uren in gedachten met een boek in m'n handen, zodat mijn familie dacht dat ik gewoon aan het lezen was. De ideeën over een vrije wil konden mij uren bezighouden. Ik puzzelde alle gedachten en theorieën bij elkaar en schreef mijn conclusies op:

'Je vrije wil kan niemand je ontnemen, want dat is het grootste cadeau dat je hebt gekregen en je hebt er alle recht op. En in de situatie waar ik nu inzit, hebben mensen mijn vrije wil een beetje afgepakt. Ook heb ik meegekregen dat God je niets geeft wat je niet aankunt. En dat elke moeilijke situatie net als een levenstest is. Dus moet ik geloven in mijn eigen kracht en vertrouwen op die van Hem.'

De momenten dat ik even rustig kon schrijven, waren echt de momenten waar ik naar uitkeek. Waar ik ook erg naar uitkeek, waren de dagen dat oompie Mo en Marjam op bezoek kwamen.

Ze moesten wel steeds langer in het ziekenhuis in Rabat blijven vanwege de nare bijwerkingen van de chemokuren die hij onderging. Maar ondanks alles was hij als de zon in de kamer als ze op bezoek kwamen. Hij kende zoveel moppen en was altijd vrolijk. Wat ik zelf apart vond van Marokkaanse grapjes is dat het net verhaaltjes zijn, en ze vertellen nooit de punchline. Die moet je zelf invullen. En je begrijpt de grap pas als je goed naar het verhaaltje hebt geluisterd. Dit grapje is me altijd bijgebleven en ik zie oompie Mo nog altijd voor me toen hij deze vertelde;

'Ik kende een man die Achmed heette. Die had een ezel van me gehuurd. Ik vertelde hem dat hij 'oeff' moest zeggen om hem te laten lopen en 'wakaf'[6] om 'm te laten stoppen. Hij stapte op en zei 'oeff' en ging weg. Toen hij terugkwam met een blauwe kop, vertelde hij me dat hij het stopwoordje was vergeten. Achmed bleef maar hobbelen op die ezel en zag dat het beest regelrecht op een heuvel afrende. Op het laatste moment wist Achmed het stopwoordje weer en schreeuwde hij: 'wakaf[6]! De ezel stopte op het nippertje. Achmed zuchtte van opluchting.'Oeff...

13 januari 2001

Op een namiddag kwamen oompie Mo en Marjam naar ons toe, omdat ze de volgende dag naar Rabat moesten. Het was gezellig zoals altijd. We zaten allemaal rond de tafel in de huiskamer en dronken thee. Iedereen sprak door elkaar over van alles en nog wat. Ik zat er natuurlijk bij en genoot van de positieve sfeer totdat Marjam zich tot mij richtte. 'Hana, ik moet eigenlijk even bellen in de teleboutique. Wil jij even met mij meelopen voor een beetje gezelschap?'

---

6 *wakaf betekent stop in het marokkaans*

Ik stemde natuurlijk in en we liepen samen naar beneden. 'Ok Hana, ik moet eigenlijk helemaal niemand bellen, maar ik wilde je even alleen spreken', zei mijn tante. 'Ik sprak met mijn zus in Rabat over jou, en ze vertelde me dat er een Nederlandse ambassade in de stad is.'

Ik moest even nadenken en zei: 'Wat doet een ambassade dan?' Terwijl ze in het hokje ging zitten om zogenaamd te bellen, zei ze: 'De ambassade zorgt voor de communicatie en onderhandelingen tussen Nederland en Marokko. Maar ze helpen ook mensen die uit Nederland komen en bijvoorbeeld hun paspoort kwijtraken'. 'Of van wie het paspoort is afgepakt!', onderbrak ik haar enthousiast. 'Juist. En het liefst neem ik je mee zodat je er zelf naar toe kunt, maar ik weet niet of je oom dat toelaat. Wat ik wel kan doen, is daar een brief afgeven voor je. Dus als jij nou een goede brief schrijft over alles wat er is gebeurd, en met je naam en je school enzo, dan geef ik die af bij de ambassade nadat ik je oom naar het ziekenhuis heb gebracht.'

Ik voelde me opgetogen. Misschien kon de ambassade mij helpen terug te keren naar huis!

We liepen al terug naar boven en ik probeerde kalm te blijven. Mijn tante babbelde een beetje over het telefoongesprek dat ze nooit had gehad en ik trok me terug in mijn boek om de brief voor de ambassade te schrijven.

Beste ambassade,
Mijn naam is Hana Touzani en ik ben geboren en getogen in Amsterdam. Ik ben dertien jaar en ik zit op het VWO aan het Bredero Lyceum in Amsterdam Noord en kan mijn studie niet afmaken. Mijn ouders zijn gescheiden en wonen ook in Amsterdam. Vorig jaar zomer heeft mijn moeder mij en mijn broertjes meegenomen naar Tanger voor de zomervakantie en mij hier achtergelaten. Hier zit ik bij mijn oom thuis en word niet goed behandeld. Ik mag niet naar buiten, moet het hele huishouden doen, krijg niet genoeg te eten en ik kan ook niet naar school toe. Ik heb zelfs maar twee broeken, een trui en twee djellaba's. Mijn oom wil geen winterkleding kopen omdat volgens hem mijn

moeder geen geld stuurt om mij te verzorgen, maar dat geloof ik niet
echt. Ik kan niet zelf naar jullie toe komen om hulp te vragen, maar
met deze brief vraag ik om aandacht alstublieft. Help mij om terug
te gaan naar mijn school en mijn stad. Ik ben een Amsterdammer en
dit is niet mijn thuis.
Ik zit nu het op volgende adres...

Mijn nichtje kwam intussen bij me zitten en vroeg me wat ik
deed. Ik loog dat ik een gedichtje aan het schrijven was en sloot
het boek. Ik vroeg haar of ze met mij op het balkon wilde zitten
voordat we naar bed gingen. We grapten over de buurjongen die
op zijn dak een boek las. Toen we naar bed gingen en iedereen
sliep, pakte ik mijn boekje en schreef mijn brief af.

'... 151, te Tanger. Ik heb zelf geen andere manier om met jullie te
spreken dan deze brief, dus ik hoop dat de ambassade mijn gegevens
kan vinden en mij kan helpen aan een nieuw paspoort of dat iemand
van de ambassade mij komt ophalen om mij terug te brengen naar
Nederland. Alstublieft help mij.
Wanhopige groetjes,
Hana Touzani.

Ik scheurde de bladzijde eruit, deed hem tussen het kaft en
sloot mijn boekje. Om mijn gedachten wat lucht te geven, liep
ik stilletjes naar het balkon. Buiten was het super rustig, alleen
een enkele taxi reed af en toe door de straat.

Na een aantal diepe ademhalingen, ging ik op de grond zitten
en probeerde mijn gedachten op een rij te zetten. 'Als deze brief
aankomt, sturen ze dan de politie hierheen? Stel je voor dat ze
mama bellen, gaat ze dan de waarheid zeggen? Of bellen ze misschien mijn vader? Ik weet niet eens of hij weet dat ik hier ben.
Zal het hem wel wat schelen?', peinsde ik. Hij vond die nieuwe
vrouw van hem toen wel belangrijk. Als hij mij gewoon op mijn
woord had geloofd, dan was dit allemaal misschien niet eens
gebeurd. Ik werd boos bij die gedachte en kon het niet helpen
dat ik moest denken aan die ene dag dat alles was veranderd...

HOOFDSTUK 19

'Ik ben Hana' (4): Zijn dat je pappa en mamma?

Amsterdam – 27 februari 1996

Ik weet dat achter het Centraal Station de pont naar Noord is. En die was heel dicht bij mijn oma's huis. Vanaf haar huis wist ik de weg naar dat van mijn vader. 'Wat doe jij hier nou? Hoe kom je hier?', zei mijn vader geschrokken terwijl hij me een dikke knuffel gaf. Eenmaal binnen begon ik mijn verhaal te doen over wat er allemaal was gebeurd. Mijn vader luisterde en maakte koffie voor zichzelf nadat hij een blikje fris en koekjes voor mij op tafel had gezet. Toen ik klaar was met praten, bleef hij stil. 'Waarom kan ik niet gewoon bij jou wonen, papa?', vroeg ik. Hij zuchtte en zei: 'De wet is niet zo makkelijk. Je weet dat mama en ik zijn gescheiden en dat we niet de beste ouders waren toen we samen waren.'

'En toch wou ik dat ik zelf mocht kiezen welke ouder fijner is om bij te wonen. Ik vind jullie allebei goede ouders, maar ik vind het fijner om bij jou te wonen'. Mijn vader glimlachte en legde uit dat je volgens de wet twaalf jaar moest zijn om zelf te kunnen kiezen. Dus wat ik nu had gedaan was een beetje gevaarlijk en kon mijn moeder in problemen brengen. 'Je gaat me toch niet terugsturen?', vroeg ik geschrokken. 'Nee, nee', suste mijn vader. 'Maar we moeten wel naar het politiebureau om te laten weten dat je bij mij bent. Want het is nu al drie uur. Je zou bijna vrij moeten zijn van school en als je niet thuiskomt, kunnen mensen denken dat je bent ontvoerd.'

'Je hebt die mevrouw echt mooi getekend. Vertel mij eens wat je allemaal nog meer hebt getekend?', zei Fleur. Ik was blij dat ze het mooi vond en zei: 'Ze heeft oorbellen en make-up op en een mooie tas en een rok met glitters'. 'Oh, en gaat ze ergens naar toe?', vroeg ze. 'Ja, ze gaat naar een duur restaurant en daarna naar de bioscoop'. Fleur knikte en zei: 'In haar eentje?' 'Ja natuurlijk. Wie heeft ze nog meer nodig om dat te doen dan?', vroeg ik haar. Fleur knikte en moest lachen. Ze wees met haar vinger de man aan die ik had getekend. 'Hij kan toch ook met haar mee?' 'Nee, want hij gaat liever op reis.'

Ik vond het leuk dat ze met me mee speelde en ik wilde gewoon dat de juf trots was op mijn tekening. Juf Fleur was namelijk de kinderpsychologe met wie ik elke maandag ging praten en spelletjes doen. Zij was ook mijn begeleidster in het weeshuis waar ik tijdelijk moest wonen. Mijn jongste broertje woonde er ook, maar hij zat op de afdeling waar kleine kinderen bleven. Ik zag hem gelukkig elke dag, maar ik miste mijn andere broertje en zus heel erg.

'Ik zie niet dat hij een koffer heeft om te reizen', zei Fleur. 'Dat komt omdat hij alleen met een rugzak reist. Hij heeft niet veel nodig', zei ik koppig.

Ineens zei juf Fleur: 'Zijn de poppetjes die je hebt getekend misschien net als je mama en papa?'

Ik was meteen in de war. Wat zei ze nou? Zij was degene die vroeg of ik een mannetje en een vrouwtje wilde tekenen, niet mijn moeder en vader. Ik wilde gewoon dat ze trots zou zijn op mijn tekening. Ik keek naar de tekening en stelde me voor dat het mijn ouders waren. Het mannetje was simpel getekend, het vrouwtje had veel meer leuke dingen aan. Ergens leken ze wel op mijn ouders.

Ik keek juf Fleur aan en zei: 'Ze lijken wel een beetje op mijn ouders, ja'. Ze keek me aan en zei: 'Je hebt ze allebei supermooi getekend. Wil je nog over de tekening praten of iets anders doen?'

Ik stond op en zei dat ik wel Vier op een Rij wilde spelen. We speelden vier potjes. Ik won er drie en toen was het uurtje al voorbij. Ik liep het kantoor uit en ging meteen naar de schommel buiten. Ik kon die tekening niet van me afzetten en begreep niet goed wat er nu net was gebeurd. Ik dacht na over wat ik over de poppetjes had gezegd en hoe dichtbij dat eigenlijk kwam bij het gedrag van mijn ouders. Intussen kwam Paula bij me zitten, op de andere schommel. Paula was een meisje dat ook hier woonde. Ze was twee jaar ouder dan ik en had helemaal geen ouders. 'Ik ben mijn wandelende tak kwijtgeraakt', zei ze tegen me. 'Oh nee, waar dan?', vroeg ik. Ze wees naar het plantje bij de deur. Ik sprong op van mijn schommel en zei: 'Kom, we gaan hem zoeken'. We gingen naar de deur en zochten elke tak af. En bleven zoeken tot de etenstijd was.

Tanger, 20 februari 2001

Ik schrok wakker uit mijn eigen gedachten door een druppel regen. Dat had ik echt al lang niet gevoeld. In Amsterdam was het rond deze tijd altijd koud en nat. Ik haatte het om dan vroeg op te staan en alles leek dan grijzer. Maar hier op dit balkon was de regen een verademing.

Mijn heimwee naar mijn stad werd groter naarmate het harder ging regenen. Ik bleef zitten tot ik tot aan mijn sokken nat was en ging toen op mijn slaapplek liggen om te slapen.

De volgende ochtend schrok ik wakker van een luide schreeuw. Ik sprong meteen op om naar de huiskamer te gaan. Daar zag ik oompie Mo, hevig zwetend en zwaar ademend terwijl mijn tante door de telefoon schreeuwde om een ambulance. Iedereen was in paniek en schreeuwde door elkaar heen.

Niet veel later kwamen er twee verplegers. Ze droegen oompie Mo naar beneden. Ik verstopte snel mijn briefje in de tas van mijn tante, pakte haar jas en gaf die aan haar voordat ze naar beneden stoof om met de ambulance mee te gaan. Ik wist niet zeker of ze helemaal naar Rabat zouden rijden maar ik kon, ondanks de chaotische situatie, deze kans niet laten lopen.

Nu ze wegwaren, was iedereen gespannen. We wachtten allemaal tot de telefoon zou gaan, met goed of slecht nieuws. Mijn tante bleef maar huilen, wat natuurlijk begrijpelijk was. Mijn nichtje troostte haar en ik besloot om thee voor ze te maken. Verder kon ik toch niets doen. Nog geen uur later ging de telefoon. Mijn oom nam op en zei tegen ons dat oompie Mo stabiel was. En dat het ziekenhuis hem naar Rabat zou vervoeren voor nader onderzoek. Daar hadden ze betere apparatuur dan in Tanger.

Hij liep meteen de deur uit, mijn tante huilde opnieuw. Ik had op dat moment zoveel medelijden met 'r. Haar man was echt een klootzak. Hoe kun je niet eens de moeite nemen om je vrouw te troosten? Ze was hartstikke bezorgd om haar broer en deze idioot kon haar niet eens een knuffel geven. Ik liep naar mijn tante toe en zei: 'Weet je tante, Mo was al van plan vandaag naar Rabat te gaan. Nu is hij er gewoon eerder en heeft hij de hele reis ook nog de nodige zorg. Ik snap echt dat je bezorgd bent, hoor.'

Ze keek me aan, door haar tranen heen, en zei: 'Je hebt gelijk, het is beter zo. Allah is groot en weet uiteindelijk wat het beste is voor iedereen.'

Ik glimlachte naar haar en kneep in haar handen als bevestiging.

HOOFDSTUK 20

Ziekte en acceptatie

Tanger – 24 maart 2001

'Ga maar even naar de bakker voor stokbrood. We hebben er zeker wel acht nodig', zei mijn tante. Ik pakte het geld aan en liep het huis van mijn tante en oompie Mo uit. Char Ben Dibane is een hele gezellige, maar arme buurt. Mijn oom had me daar een paar dagen geleden afgezet om oompie Mo en tante Marjam te helpen met het huishouden, waar ik natuurlijk erg blij mee was. Ik zat veel liever hier, al was de situatie niet vrolijk. Ik had hier ook mijn vrijheid terug. En ondanks alles was mijn tante niet vergeten om mijn brief af te leveren bij de Nederlandse ambassade.

Ik wist nog niet precies hoe dat zou helpen en of dat wel effect zou hebben, maar het voelde goed om te weten dat de Nederlandse ambassade wist dat ik bestond en nog hier in Marokko was. Toen ik weer terugkwam, was tante Marjam al druk in de weer met het vullen van de borden met marmitta. Ik keek naar haar en dacht aan haar situatie. Is dit wat mensen verwachten van een vrouw die op het punt staat om haar man te verliezen? Ik probeerde er niet over na te denken en sloot me aan bij mijn tante om haar op mijn manier te helpen. Maar toch dwaalde mijn gedachten af. Oompie Mo was de afgelopen weken namelijk erg snel achteruitgegaan en ik maakte het sterfbed en het hele gedoe eromheen voor het eerst mee. Het huis was elke dag vol met mensen die afscheid van hem kwamen nemen. Niemand wist natuurlijk wanneer hij dood zou gaan. Maar volgens het ziekenhuis was er eigenlijk geen hoop meer. Oompie Mo had dus besloten dat hij liever thuis wilde sterven, met zijn vrouw en familie om zich heen. Ik vond het eigenlijk ongelooflijk dat deze mensen min of meer verwachtten dat ze eten opgediend kregen, terwijl mijn oom op sterven lag. Ook begon ik me af te vragen of ze hier waren voor het eten of voor steun. Ik kon me eerlijk gezegd niet voorstellen waar mijn tante nu doorheen moest, maar het leek mij logisch dat ze liever met haar man was dan dagenlang in de keuken om eten te maken voor zo'n beetje de hele buurt en wijde omgeving.

Naarmate de avond vorderde, liep het huis langzaam leeg. Toen we klaar waren met alles weer op orde krijgen en oompie Mo lag te rusten, dronken mijn tante en ik wat thee voor het slapengaan. Ik vroeg haar of ze het niet irritant vond om de hele dag eten te maken voor de buurt. Ze moest een beetje lachen om mijn vraag en zei: 'Nee, hoor. Het houdt mijn hoofd rustig als ik eten maak en de mensen uit de buurt zijn echt oprecht. Ze kennen elkaar hier al jaren en zijn allemaal met elkaar opgegroeid. Mo heeft een speciale plek in het hart van iedereen. Toen ik met hem trouwde en hier kwam wonen 25 jaar geleden, was iedereen erg lief tegen mij, wat ik in eerste instantie niet had verwacht'. 'Waarom had je dat niet verwacht?', vroeg ik. Ze zei: 'Zoals je ziet ben ik donker, want ik ben van oorsprong Soussi'. 'Net als mijn oma van papa's kant', riep ik enthousiast. Ze moest even lachen. 'Juist', vervolgde ze. 'In Rabat heb je genoeg diversiteit, maar in Tanger kunnen ze nogal racistisch doen tegen donkere mensen. Hier in de buurt heeft niemand mij ooit een ongemakkelijk gevoel gegeven vanwege mijn huidskleur. Dat was een verademing voor me nadat we eerst bij de ouders van Mo woonden. Daar was het echt te erg.'

We verzonken allebei in onze eigen gedachten. Ik moest terugdenken aan een gebeurtenis in de kleuterklas. Mijn beste vriendinnetje Pamela en ik zaten bij elkaar in de klas, ook in de Sinterklaastijd. Op een dag ging de juf ons allemaal schminken. Toen het tijd was om Pamela te schminken, zei de juf: 'Jou hoef ik niet te schminken want je bent al zwart'. Pamela barstte in tranen uit en rende de klas uit. Ik volgde haar en in de gang besloten we samen om de school uit te sneaken en naar haar moeder te gaan.

Haar moeder was furieus en bracht ons terug naar school. We dachten eventjes dat ze boos op ons was omdat ze ons meteen terug bracht. Maar wat daarna in de klas gebeurde, vergeet ik nooit meer. Haar mama schold de juf haar huid vol en stierde daarna door de gang roepend om de directeur. Zijn kantoortje was aan het eind van de gang en ik wist zeker dat haar stem door de hele school galmde.

De volgende dag was onze normale juf er niet maar een juf van een andere klas. Die vertelde ons dat onze normale juf voorlopig niet kwam. De dagen daarna waren best chaotisch. We kregen lessen over verschillende kleuren van mensen en dat we allemaal gelijk zijn. We speelden leuke spelletjes waar je bij elkaar kwam als je wat gemeen had met elkaar. Ook kregen we lessen over pesten en pestgedrag. Dit had een enorme impact op me. Er was bijvoorbeeld een verhaal over een meisje dat werd gepest met haar huidskleur. Ze was daardoor zo verdrietig dat ze haar eigen leven nam.

Nu ik er zo op terugkeek, besefte ik hoe heftig het eigenlijk was om dit als vijfjarige mee te maken. Maar het zorgde er wel voor dat ik nog nooit iemand had gepest, iedereen in zijn waarde liet en opkwam voor de kindjes die nieuw op school kwamen en werden gepest. Op hele jonge leeftijd leerde ik al over pestgedrag en racisme en hoe sommige mensen bepaalde eigenschappen tegen elkaar gebruikten. En dat de meeste eigenschappen die ze tegen elkaar gebruikten, dingen waar je niets aan kon doen zoals kleur, of afkomst, of gender.

De Datzelfde jaar hadden wij opeens geen zwarte pieten meer, maar roetveegpieten. Die waren niet eng en niet racistisch. Door de opmerking van de juf was de school wakker geschud en waren wij de eerste school in Nederland die geen zwarte pieten meer had.

'Hana, wil je nog thee?', vroeg mijn tante. Ik schrok op uit mijn gedachten en stemde in om nog een kopje te drinken. 'Jij was eventjes heel ver weg, zat je te denken aan Nederland?', vroeg ze. 'Ja, door je verhaal moest ik denken aan iets op school toen ik jonger was'. Ik vertelde haar over de zwarte pieten ervaring van destijds. 'Ok, en is het overal dan veranderd?', vroeg mijn tante toen ik was uitgesproken. 'Nee', zei ik. 'In Nederland wordt het nog steeds overal gevierd. En als de donkere mensen er iets van zeggen, dan beginnen die Nederlanders te zeggen dat hun cultuur is en dat ze dat niet willen veranderen. En dat als mensen het er niet mee eens zijn, ze maar moeten oprotten naar hun eigen land.

Mijn tante schudde haar hoofd: 'Ja, dat snap ik. Witte mensen waren ook niet tevreden toen de slavernij overal werd afgeschaft', zei ze minzaam. 'Het is makkelijk om iets cultuur te noemen en je daarachter te verstoppen. Ik zie dat ook bij de Marokkaanse cultuur. Ze doen iets wat cultureel is en dan verstoppen ze dat achter het geloof.'

Neem nou mijn oom. Die heeft zijn vrouw eigenlijk opzettelijk onwetend gehouden en verkeerde informatie over het geloof gegeven. Dat viel voor hem in duigen toen zij besloot om voor zichzelf te kiezen. Ze ging leren lezen en zelf op zoek naar de waarheid in de Koran. Dat mannen vrouwen proberen te onderdrukken, heeft voor mij duidelijk niets te maken met het geloof maar met de mannencultuur over de hele wereld. Nederland is namelijk niet islamitisch, maar de vrouwen die daar dezelfde functies hebben als mannen, worden opzettelijk onderbetaald, simpelweg omdat het vrouwen zijn', dacht ik hardop.

Mijn tante keek me aan en zei met een grote glimlach: 'Blijf zo'n open mind houden. Je kunt heel wat betekenen voor deze wereld, meissie'. Ze klapte in haar handen en stond op. 'Lieverd, ik ben moe', zei ze. 'Ik ga naast mijn man liggen'. Ik knikte en zei dat ik de tafel wel zou afruimen. Voordat ze de kamer uitliep, draaide ze zich om en zei: 'Oh ja, Hana, voor ik het weer vergeet met mijn drukke hoofd: ik heb mijn adres op je brief gezet voor het geval dat de ambassade contact wil opnemen.'

HOOFDSTUK 21

Iedereen zijn vier uur nadert een keer

Tanger - 24 maart 2001

'Is het al vier uur?', zei oompie Mo zwakjes. Hij was al een tijdje wakker en ik hield zijn hand vast. 'Nee, het is nu half drie, oompie', zei ik. Hij was helemaal koud en bleekgeel. Je kon elk bot en elke ader in zijn gezicht zien maar zijn ogen lichtten nog steeds op, als amandelen in het zonlicht.

'Ik moet de Asr bidden.'

Hij hoestte luid en ik pakte zijn hand weer. Wat voelde die koud en fragiel! Op dat moment keek hij mij aan en gaf mij zijn laatste woorden en advies; woorden die ik voor altijd in mijn hart draag. En als ik moe ben en het even niet meer zie zitten, dan denk ik aan zijn woorden.

Het heeft me uiteindelijk jaren geduurd om zijn advies goed te begrijpen en daadwerkelijk op te volgen. Zijn woorden kregen nog meer diepgang en gaven nog meer kracht nadat hij zijn Asr had gebeden, de Asr waar hij de hele dag op had gewacht. En waarna hij meteen voor altijd insliep.

17 november 2000

Het was chaos in het huis van wijlen oompie Mo. Hier leerde ik hoe islamieten een begrafenis ervaren en gebruiken. Gisteren vroegen ze hem toen hij sliep, nadat ze hem op zijn rechterzijde hadden gelegd, of hij water wilde drinken. Natuurlijk reageerde hij niet. Ik dacht dat ze niet doorhadden dat hij dood was. Maar het bleek dat er water wordt aangeboden omdat de stervende een zodanige dorst zou kunnen hebben dat de verleiding groot kon worden om naar Satan te luisteren. Ook werd mijn oom ritueel gewassen, maar daar mocht niemand bij. Toen wij hem naar de begraafplaats brachten, liep de hele buurt mee. Het was erg emotioneel, de vrouwen mochten alleen niet mee naar de begraafplaats zelf. Alles gebeurde binnen de eerste 24 uur na zijn dood.

Later vertelde mij nichtje me dat snelheid zo belangrijk is omdat de ziel van de overledene nog in hun midden is, en het een plicht is om heel voorzichtig met de overledene om te gaan. Mensen vinden het waardevol dat zij zich nog tot de dierbare overledene kunnen blijven richten en smeekbeden kunnen opzeggen. Deze smeekbeden zijn niet bedoeld om hulp af te roepen voor de dierbaren, dat mag in ieder geval niet. Maar via de smeekbeden kun je bidden voor het welzijn van de doden. 'Maak het graf ruim en licht, laat de overledene rust vinden'. Zo wordt aangegeven dat er weinig verschil is tussen leven en dood.

Ik vond dat een hele mooie gedachtegang. Zo kon degene die was overleden eigenlijk bij zijn eigen begrafenis zijn en kreeg de ziel de kans om het grotere geheel te zien en het als het ware met de wereld af te sluiten.

We liepen terug naar huis. De drie dagen daarna hielp de hele buurt in huis met schoonmaken. Ze brachten eten, drinken en fruit mee; reciteerden verzen uit de Koran en huilden met mijn tante mee. Ik was zelf ook erg verdrietig. Mijn oompie Mo en en tante Mirjam waren letterlijk het zonlicht in mijn leven. Maar ondanks het verdriet borrelde er een klein vuurtje in mijn ziel, aangestoken door zijn laatste woorden

"Zodra je weer in Nederland bent, vind je vrede buiten je familie om. Fuck hen allemaal, je bent hier op aarde voor jouw doel. God ziet het gehele plaatje, dus let jij alleen op jouw plaatje"

HOOFDSTUK 22

Familieliefde

Tanger – 3 april 2001

We zaten allemaal in de huiskamer, toen de telefoon ging. Mijn oom pakte de telefoon op en was blij om te horen dat het mijn moeder was. Na een paar tellen aan de telefoon, pakte hij die mee naar de slaapkamer en begon zacht te praten. 'Waar denk je dat het over gaat?', vroeg ik zachtjes aan mijn nichtje. Ze haalde ongeïnteresseerd haar schouders op en zakte nog een beetje verder weg in de deken.

Na een paar minuten kwam hij de kamer uit, ging zitten en dronk verder van zijn koffie. Ik durfde niet te vragen waarom mijn moeder had gebeld, toen hij ineens zei: 'Hana, je oma van je vaders kant komt naar Marokko. We weten niet hoe laat ze aankomt, maar we gaan er morgen op bezoek'. Ik probeerde mijn enthousiasme in te houden en zei zo nonchalant mogelijk: 'Prima, ik heb haar wel gemist'. Maar ik was ik mega enthousiast. Mijn oma! Zodra ze mij zou zien, zou ze haar best doen om mij mee terug te nemen naar Nederland. Die gaat niet accepteren dat ik hier ben. Komt ze daarom hier naartoe? Durfde mijn moeder niet tegen mijn oma in te gaan en komt zij mij redden uit deze *hell hole*?

Mijn hoofde tolde van de racende gedachten en ik vroeg of ik al naar bed mocht. Dat was prima, zolang ik iedereen zijn slaapplek klaar maakte. Dat vond ik niet erg want ik was helemaal niet moe. Ik wilde gewoon even met mijn gedachten alleen zijn. Terwijl ik de matrassen klaar maakte, fantaseerde ik over het bezoek morgen. Zodra we daar waren, hoefde ik alleen in de armen van mijn oma te vallen en dan was ik veilig.

Toen ik klaar was, ging ik liggen en probeerde ik mezelf in slaap te dwingen. Want morgen kwam eraan, dan was deze nachtmerrie echt voorbij.

De volgende ochtend maakte iedereen zich klaar om naar mijn oma's huis te gaan. Ik droeg mijn beste djellaba en pyjama en nam Slapie, mijn knuffel hond, mee. Verder had ik niets om mee te nemen en mijn schriftje kon ik ook beter hier laten. Dan kon mijn boertje het volgende zomer vinden en lezen, en snapte hij hoe ik me hier voelde. Tenzij ze het weggooien, wat mij op dat moment eigenlijk ook niet echt interesseerde. Nu wilde ik gewoon zo snel mogelijk naar mijn oma, mijn *safe zone*.

We zaten in de taxi toen mijn tante vroeg of ik zin had om mijn oma te zien. 'Ik denk dat je tantes er ook zijn', zei ze. 'Oh', zei ik en keek uit het raam om mijn glimlach te verbergen. Nu wist ik het zeker: ze moesten mij daar afzetten om terug te gaan naar Nederland. En mijn tantes waren gekomen om mijn oma te ondersteunen! Ik was overweldigd door blijdschap en voelde me sterk en veilig. Zo hoorde het inderdaad, zo las ik het ook in mijn boeken. Als een familielid problemen had, schoot de rest van de familie te hulp. Nog een paar minuten en dan was het over.

Ik zag het hoge huis van mijn oma en opa. Toen we uitstapten, wachtte ik niet langer op iedereen en rende op het huis af. Ik belde wel vier keer aan, toen het huismeisje haar hoofd uit het raam deed om te zien wie er aanbelde. 'Hana, wat doe jij hier?', vroeg ze verbaasd. 'Lina, ik ben hier voor oma. Is ze al aangekomen?', vroeg ik ongeduldig. Maar ze was alweer naar binnen en zoemde de deur open. Ik rende met drie treden tegelijk naar boven en kwam Lina boven tegen. 'Waar is ze?' Lina barstte in huilen uit en zei: 'In de garage'. Ik keek haar boos aan en zei: 'Ok. Ze is dus aangekomen en je bent hierboven omdat...?'

Ik schudde geërgerd mijn hoofd en wilde weer naar beneden om mijn oma te verwelkomen op een normale manier, toen Lina mij ineens tegenhield. Ik rukte me los en zei boos: 'Wat doe jij?'

'Je oma is niet met de auto', zei ze. 'Ze is hier met haar kist. Hebben ze dat niet gezegd? Je oma is overleden!'

Ik rende naar beneden naar de garage toen ik bij de deur tegen mijn tante aanbotste. 'Je loog tegen mij', zei ik in shock. Ze keek me minachtend aan, duwde me opzij en liep het huis binnen. Mijn nichtje stond achter mijn tante en was in een shock. Ze had geen idee wat er aan de hand was, dat was duidelijk. 'Mijn oma is dood en jouw moeder deed alsof ze hier op bezoek was. Fuck haar!', schreeuwde ik terwijl ik naar de garage ging; naar mijn safe zone, die in een gesloten kist lag. In de kou, in de vieze garage onder het huis in plaats van dichtbij in haar stoel, in de huiskamer.

'Oma toch... Ik weet zeker dat jij niet wist dat ik hier was. Oh omaatje. Ze zeiden tegen mij dat je hier naartoe kwam. Ik dacht dat je me kwam redden omaatje, ze zeiden niet tegen mij dat je dood bent. Hoe is dat nou mogelijk? Ik ga dus jouw lach alleen nog maar in mijn hoofd horen? Jouw lekkere, zelfgemaakte brood in mijn gedachten proeven? De laatste keer dat ik je zag, zag je er zo verdrietig uit. Verdrietig om het gedrag van mijn vader, verdrietig omdat je onmacht voelde... Nu niet meer oma. Je hebt je rust dubbel en dwars verdiend, ga heen richting het paradijs en wacht op mij met een lekker broodje en verse karnemelk. Oma, ik hou van jou.'

Ik heb daar gezeten tot ik door mijn oom werd weggesleurd. 'Wat je doet, is niet ok', zei hij. 'Je gaat naar boven naar de rest van de mensen. Ik ga er nu vandoor. Zeg tegen je tante dat ik hen vanavond kom ophalen. Jou haal ik over drie dagen op'. Ik keek hem vol ongeloof aan. 'Wat ik doe, is niet ok? Mijn oma ligt in een kist en jullie doen alsof ze hier op bezoek komt. Ze ligt letterlijk in een fucking garage, waar het koud is en...' Hij haalde uit naar mijn gezicht en het deed vreselijk pijn want mijn huid was best wel koud van een uur tegen de kist aanliggen. 'Ga naar boven', zei hij. Ik keek hem woedend aan en liep langs hem heen naar buiten. Dacht hij nou serieus dat ik over drie dagen weer bij ze in huis ging zitten als een huis slavin? Boven was het alweer druk met rouwende mensen. Ik hield iedereen op afstand en zocht de zussen van mijn vader. Misschien hadden zij nog een plan om me terug te brengen naar Nederland.

In de keuken vond ik de oudste zus van mijn vader. Ik riep haar, blij. Door haar tranen heen keek ze mij stomverbaasd aan en vroeg hoe ik in godsnaam hier kwam. 'Is je moeder hier ook?', vroeg ze terwijl ze naar de deur achter me keek, alsof ze verwachtte dat mijn moeder achter mij aan de keuken in zou komen. 'Nee, tante. Mijn moeder heeft me hier in Marokko achtergelaten bij haar broer. En ik word mishandeld en kijk wat ik aanheb. Dit is het enige wat ik heb. Ik ga niet naar school en ik moet net als Lina al het huishouden doen, maar dan zonder eten of salaris.'

'Ho, ho. Wacht eens even. Ben je hier alleen?', vroeg ze nog verbaasder dan daarvoor. Hevig knikte ik en vervolgde: 'Ik dacht dat oma hier naartoe kwam omdat ze dat wist. Ze hebben me niet eens verteld dat ze was overleden. De vrouw van mijn oom is in een van de huiskamers. Maar ze willen me weer meenemen en nee, tante, je moet me helpen. Zeg het tegen mijn vader'. Mijn tante keek me aan en zei: 'Zolang ik hier ben, blijf jij in dit huis en ga je helemaal met niemand mee. We gaan eerst je oma's begrafenis verzorgen. Je vader bel ik vanavond, want dit kan niet', zei ze resoluut. Ik knikte dankbaar en gaf haar een knuffel. Daarna sloop ik naar de kamer van mijn jongste tante om daar een douche te nemen, haar kleding aan te trekken en een boekje te lezen. Zij had de hele Bouquetreeks in haar kamer, om op het strand te lezen. Ik voelde mij veilig in die kamer en niemand had mij beneden nodig. Dus voelde ik me die hele dag, voor het eerst sinds maanden, echt ontspannen, ondanks de dood van mijn oma. Haar overlijden zou zelfs mijn leven redden, want mijn vaders kant wist niet eens dat ik hier als gevangene leefde. En nu werd dat alsnog opgelost.

Die avond zat ik aan tafel met de oudste zus van mijn vader. Ze kon mijn vader niet bereiken omdat hij op reis was met zijn vrouw. Maar zodra ze in Nederland was en hem zag, zou ze hem laten weten dat ik hier was. 'Ik kan je dus niet helpen op dit moment, Hana', zei mijn tante. 'Kan ik niet gewoon met jou mee terugreizen? Kunnen we jeugdzorg niet bellen of zo?', vroeg ik paniekerig. Ze schudde haar hoofd en zei: 'Het enige dat ik kan doen, is jou verzorgen, bij je moeder pleiten om jouw paspoort op te sturen zodat je inderdaad met mij mee terug kunt; of je weer naar je oom sturen totdat ik je vader heb gesproken en hij je terughaalt naar Nederland.'

'Kan ik niet hier met Lina blijven?', vroeg ik. Weer schudde ze haar hoofd. 'Lina is nu hier als noodoplossing, maar ze heeft nog een andere baan en kan niet elke keer van hieruit naar haar werk'. Ik begon te huilen en voelde me ontzettend machteloos.

De volgende dag werd het gesprek met mijn tante er niet beter op. Ze had namelijk mijn moeder gebeld en was tot de volgende conclusie gekomen: 'Het is je moeders keuze om je op te voeden zoals zij denkt dat het beste voor je is. Ik kan er zelf niet meer veel over zeggen'. Ik was verontwaardigd en riep: 'Is het een goede keuze om je dochter in een land te laten waar ze de taal haast niet spreekt en wordt behandeld als een sloofje en de speelpop van een puber met te veel hormonen?'

Ik smeet boos de kopjes van tafel waardoor ik direct terug kon naar het huis van mijn oom, om daar nog eens flink in elkaar geslagen te worden. Want hoe durfde ik te vertellen dat ik werd mishandeld en slecht behandeld? Je bent toch niet dood?

Ik was iedereen en alles zat. Als dit is wat ze familie noemen, dan mochten ze het houden. Ik ging het vanaf nu zelf doen.

HOOFDSTUK 23

Doei met jullie allemaal

Tanger – 23 april 2001

'*Allah ou Akbar, Allaaaaaah ou Akbar!*'

Ik werd wakker van de imam want ik had heel licht geslapen. Stilletjes luisterde ik naar mijn oom die naar de badkamer liep. Ik begon af te tellen vanaf het moment dat hij zijn slaapkamer verliet om zijn wudu te doen. Dit was onderhand mijn nieuwe routine geworden. Normaal gesproken duurde het zo'n drie tot vier minuten voor hij weer uit de badkamer kwam. Dat gaf mij in principe genoeg tijd om te doen wat ik moet doen. Op het moment dat ik het water hoorde lopen, sloop ik naar de huiskamer. Iedereen lag nog diep in slaap toen ik zachtjes de voordeur openmaakte. Ik sloop langs de trap naar beneden en liep dicht langs de muren onze straat uit omdat ik niet zeker wist of de buren misschien mij uit hun raam zouden zien en dat zouden vertellen aan mijn oom. In mijn rugzakje zat niets meer dan wat noten, een paar flessen water, een schaar en natuurlijk Slapie. Ik had expres een grote trui en broek van mijn neef aangedaan omdat ik zelf geen winterkleding had en bang was dat ik zou opvallen.

Eenmaal de straat uit, rende ik naar het busstation waar de bussen richting Rabat kwamen. Aangezien ik letterlijk gek werd van het wachten op de ambassade – die contact met me zou zoeken – bedacht ik dat het beter was om het heft in eigen handen te nemen. Tante Mirjam wist van mijn plan en had me genoeg geld gegeven om een bus ticket te kopen. Ook had ze me het adres gegeven van haar zus in Rabat en hielp ze me zo goed mogelijk met het proberen te onthouden van de routebeschrijving.

Eenmaal aangekomen had de kaartverkoper me geweigerd een ticket te verkopen omdat ik geen begeleiding had. 'Maar mijn moeder komt me ophalen op het station in Rabat', loog ik. 'Heb je contactgegevens, een ID of een telefoonnummer waarop ik je moeder kan bereiken?', vroeg hij verveeld. Ik schudde mijn hoofd. 'Dan kan ik je niet aan een kaartje helpen. Je moeder had dat ticket moeten reserveren als ze je alleen wilde laten reizen, zonder ID', zei hij terwijl hij langs mij heen naar de volgende klant keek. De man achter me werd ook ongeduldig en begon met zijn voet op de grond te tikken. Ik keek de verkoper boos aan en loog: 'Nou, dan ga ik nu mijn moeder bellen vanuit de teleboutique en laat haar mijn ticket boeken'. Ik stampvoette uit het kantoor en liep richting centrum. Dat lag langs de zee, dus ik besloot naar het Malabata strand te lopen. De zee was ruig en woest. Ik heb daar wel uren gezeten en bedacht hoe ik in godsnaam een ticket kon bemachtigen. Om naar mijn tante te gaan was te riskant. Iedereen zou nu wel wakker zijn en in paniek. Waarschijnlijk gingen ze weer zoeken in het bos Hafa, bij dat cafeetje, bij mijn tante en misschien nog in de stad. De eerste stap was naar een teleboutique gaan en zien hoe ik via de website van de busmaatschappij een ticket naar Rabat kon boeken. Maar om ongezien door de stad te manoeuvreren zou lastig zijn omdat ik niet wist wie mijn oom allemaal kende en wie mij eventueel op straat zou herkennen. Ik opende mijn rugzak en pakte mijn schaar. Elke lok die ik had afgeknipt, gooide ik in de zee. Ik bleef knippen tot mijn haar net zo kort was als dat van een jongetje. Daarna trok ik de binnen voering van mijn rugzak eruit en liep met dit zelfgemaakte doekje voor mijn neus als een verslaafd straatjongetje door de stad richting een teleboutique.

In de stad waren veel zwerfkinderen die verslaafd waren aan lijm, dus ik zou helemaal niet opvallen. Maar toen ik eenmaal was aangekomen bij de teleboutique, liet de eigenaar me niet binnen omdat hij dacht dat ik ook een zwerfkind was. Ik vertelde hem dat ik een ticket moest kopen via internet maar hij wilde daar niets van horen. Ik kreeg een schop en werd uit de winkel geduwd. Zo ging dat bij diverse teleboutiques, een aantal dagen achter elkaar.

Ik sliep in het bos, in de oude graven bij Hafa, omdat ik had gemerkt dat mensen daar 's avonds laat eigenlijk niet kwamen, omdat ze bijgelovig waren. Dat werkte natuurlijk in mijn voordeel want er was daar niets anders dan rust en stilte, al vond ik het de eerste paar nachten wel eng.

Toen ik na zes dagen bij een van de vele teleboutiques aankwam en een vrouw aansprak, gebeurde er iets positiefs. 'Wil je alsjeblieft een ticket voor me kopen? Ik heb daar geld voor. Ik moet naar Rabat, ik ben m'n ouders kwijt', huilde ik. 'Maar dan moeten we naar het busstation, je kunt geen ticket via internet kopen', zei de vrouw. Ze keek me onderzoekend aan, pakte opeens mijn hand en zei; 'Kom, we gaan naar het station. Ze verkopen het wel aan mij als ik zeg dat ik je tante ben.'

Mijn hoop leefde weer op en ik bedankte haar de hele weg door. 'Noem mij maar Galtoe[7]', zei ze, 'en vertel me hoe je moeder heet enzo. Laat mij maar praten daar, zeg maar niks'. Ik gaf haar mijn gegevens en toen we waren aangekomen, had zij in een mum van tijd mijn ticket en stopte ze me nog wat dirhams toe. 'Waarom help je me zonder dat je mij kent?', vroeg ik haar nog. Ze keek me aan en zei simpelweg: 'Alles wat ik doe, doe ik voor Allah. Als ik kan helpen, dan doe ik dat. Vooral als het gaat om kinderen bij hun ouders terug te brengen.'

Ik voelde me een beetje schuldig en vertelde haar mijn echte reden om naar Rabat te gaan. Ze dacht diep na, hield m'n hoofd in haar handen en zei: 'Ik ga voor je bidden dat je snel weer thuis

---

7 'Galtoe' betekent 'tante van je moeders kant' en wordt ook gebruikt als een vorm van respect. In het Nederlands is het vergelijkbaar met 'mevrouw'.

bent, waar je hoort. Je zal wel hulp krijgen. Nu ben ik nog blijer dat ik je help want hier zou je kapotgaan.'

We knuffelden en liepen samen naar de bus. Het was tijd om in te stappen. 'Het ga je goed, Hana'. 'Dank u Galtoe', zei ik. Hoe heet je eigenlijk?' 'Ik ben gewoon Galtoe, het doet er niet toe wie ik ben'. Ze schonk me nog een laatste glimlach toen ik haar nazwaaide vanuit het raam.

We begonnen te rijden en ik zakte wat dieper in mijn stoel. Nog twee dagen in de bus. Dan moest ik me klaarmaken voor de ambassade om terug naar huis te gaan.

HOOFDSTUK 24

'Ik ben Hana' (5): Mijn kamertje

Amsterdam – 24 mei 1996

'Ik ben het zo zat om in dit stomme weeshuis te zitten, terwijl drie van mijn tantes hier om de hoek wonen en mijn vader in Noord', huilde ik.

Paula keek me aan en zei: 'Waarom lopen we niet gewoon weg?' Ik wreef de tranen uit mijn ogen en zei: 'Eh, dodo? Dat heb ik toch al vier keer geprobeerd? Ze brengen me elke keer hier terug, terwijl ik toch echt tegen de hele wereld zeg dat ik bij mijn vader wil wonen. Ik snap niet waarom ze gewoon niet luisteren. Ik mag dan misschien tien jaar zijn maar ik weet toch zeker wel waar ik me veilig en goed voel?'

Paula stond op en zei: 'Maar dat komt omdat je misschien elke keer naar je vader ging. Dan vinden ze je makkelijk. Wat dacht je als we gewoon weg gingen en ergens zelf gingen wonen? We hebben allebei al ervaring in alleen wonen.'

Paula had haar ouders al zeer jong verloren door een auto-ongeluk. De enige aandacht die ze van de rest van haar familie kreeg, was dat ze constant werd mishandeld op elke wijze die er bestond Ze was ook van jongs af aan op zichzelf aangewezen en ik vond haar altijd een sterk meisje. Op dat moment maakte haar argument veel los en we besloten 's middags tijdens speeltijd weg te lopen.

In de namiddag gingen we met onze groep en begeleiders naar Speeltuin Mariotte plein. Daar sneakten Paula en ik uit de speeltuin, op zoek naar een nieuw leven met zijn tweeën. We hadden een paar koeken gestolen en een fles water uit de keuken want we konden alleen meenemen wat in onze jassen paste.

We liepen helemaal door naar Diemen Duivendrecht omdat we wisten dat je daar een industrieterrein hebt. Niemand zou ons daar zoeken. Op een gegeven moment kwamen we bij een flat in aanbouw. We dachten dat als wij die stenen gebruikten om een huisje te bouwen, niemand die dan kon afpakken. Urenlang werkten we aan een muur. Het was al donker toen we een pauze namen. We keken naar on prachtige muurtje en bespraken onze mogelijkheden toen het muurtje langzaam afbrak en omviel. Wisten wij veel over cement?

Ik schrok wakker uit mijn droom omdat de vrouw naast mij zachtjes mijn hand schudde. Ik wreef in mijn ogen en besefte dat ik in de bus naar Rabat zat. De bus was gestopt en ik rook heerlijk eten. Mijn maag rommelde als een gek toen de vrouw naast mij vroeg of ik ook iets wilde eten. Ik knikte dankbaar en kreeg een half stokbrood gevuld met kip in mijn handen gedrukt. Ik had veel honger en werkte het met smaak weg, toen ze me vroeg of ik nog een brood wilde. Ik keek naar de grond, bedankte haar vriendelijk en zei dat ik haar niet wilde lastigvallen. Stomverbaasd gaf ze me nog een broodje en zei: 'Over eten moet je je nooit schamen. En we hebben nog zes uur te gaan met de bus. Yallah[8], eet.'

Ik was iets geruster en nam het broodje aan. 'Je kunt echt lekkere kip maken', zei ik. Ze lachte gevleid, greep naar een doosje en zei: 'Nou, dan zal je mijn bastilla[9] ook heerlijk vinden'. Ik lachte blij en bedankte haar. We babbelden nog even over verschillende kruiden die ze gebruikte tot ze vroeg waarom ik alleen reisde. Ik loog en zei dat mijn moeder mij kwam ophalen. Ze keek me aan en zei: 'Je moeder? En ze heeft je op de bus gezet zonder eten of drinken? Hmm, apart.'

---

8 *Yallah betekent 'kom op'*
9 *bastilla is een grote gevulde bladerdeeg gerecht – gevuld met kip, vlees of vis en groente*

Ik voelde mij meteen schuldig en zei: 'Ok, dat is niet waar. Ik kom uit Nederland en mijn moeder heeft me hier achtergelaten, dus ga ik nu naar de ambassade in Rabat. Ik kan bij mijn tante terecht, ik heb het adres gekregen.'

'Ben je niet bang?', vroeg ze. Vastberaden schudde ik mijn hoofd en zei: 'Er is meer voor mij in mijn eigen land dan hier, Ik spreek niet eens de taal goed en ik kan niet naar school. In Nederland deed ik gymnasium. Ik wil journalist worden en dat kan niet als ik hier blijf. Ik moet gewoon terug naar huis.'

Ze keek me aan en knikte instemmend. 'Zal ik je anders een rit geven naar je tante als we aankomen?'

Ik wilde meteen ja zeggen tot ik ineens dacht aan een boek dat ik twee jaar geleden had gelezen over een jong meisje dat uit een stad in India werd gesmokkeld en eindigde in de prostitutie. Ik bedankte haar vriendelijk en zei dat mijn tante op de hoogte was van mijn stiekeme reis en dat ik haar op het station zou ontmoeten.

Ze geloofde me en ik vertelde haar dat ik nog even mijn benen ging strekken voordat de bus weer verder ging. Ik stapte uit, haalde diep adem, keek om me heen en zag een rustig plekje waar de buschauffeur een sigaretje rookte met wat mannen uit de bus en een gezinnetje met elkaar de restanten van hun picknick opruimen. Ik zat op het trapje van de bus met mijn hoofd tegen de deurpost geleund en dagdroomde over hoe ik aan zou komen bij de ambassade om mijn recht te halen zodat ik terug naar huis kon. Maar waar zou ik naartoe moeten, peinsde ik. Misschien zetten ze me weer in het weeshuis, of nog erger: moest ik terug naar mijn moeder! Of misschien mocht ik dit keer wel bij mijn vader wonen. Ik hoopte alleen dat hij niet nog steeds met dat wijf was...

'Waar is papa?', vroeg ik aan mijn stiefmoeder terwijl ik mijn jas en boekentas op de bank gooide. 'Hij is er zo, misschien over tien minuten', zei mijn stiefmoeder vanuit de keuken. Ik liep naar haar toe en begroette haar. Na dat gezeik en jaren in het weeshuis te hebben gewoond, mocht ik eindelijk bij mijn oma en opa wonen. Ik was daar erg gelukkig. Mijn familie kwam vaak gezellig samen en ik kon naar mijn vader toe wanneer ik maar wilde. Het was dertig minuten lopen tussen de woningen.

Sinds mijn vader opnieuw was getrouwd, was ik stiekem wel opgelucht dat ik niet bij hem woonde. Ik vond haar aardig maar haar gedrag vond ik soms raar. Het waren kleine dingen zoals net als een baby op zijn schoot zitten als we film gingen kijken. Mijn vader en ik waren echte filmfanaten. Het stoorde me dus dat ze dat deed tijdens onze filmavonden en dan de hele tijd giechelde en kusjes in zijn nek gaf. Hallo?! *Gross*, jullie hebben een slaapkamer voor dat gedrag. Ik was bijna twaalf jaar maar zij gedroegen zich als de tieners in mijn boeken. Kots.

Natuurlijk negeerde ik hen gewoon maar deze dag ging ze gewoon te ver. Ik stond naast haar in de keuken en maakte een broodje smeerkaas, toen ze ineens een banaan pakte en het vergeet met mijn vaders geslachtsdeel Ik schreeuwde boos naar haar dat ze walgelijk was en dat ze uit de keuken moest oprotten. Ze lachte me uit terwijl ze naar de huiskamer liep. Ik smeet mijn bord op de keukentafel en begon trillend aan mijn broodje.

Toen ik de sleutels in de voordeur hoorde, sprong ik blij op en rende naar de hal. Mijn vader kwam binnen en duwde me opzij. 'Waarom heb je Fatiha opgesloten op het balkon?', schreeuwde hij terwijl hij naar de balkondeur liep. Ik was verbaasd en zag haar op het balkon, jankend en angstig kijkend. Ik was helemaal in de war en zei: 'Ik heb niemand opgesloten. Huh? Waarom zou ik dat doen?'

Hij negeerde me en ik zag haar de deur met de sleutel openmaken. Ze viel hysterisch huilend in zijn armen en riep: 'Ik heb mezelf opgesloten op het balkon omdat je dochter mij met een mis wilde vermoorden!'

Ik slaakte een stomverbaasde kreet en riep: 'Wat lult zij nou? Papa, nee, dat is onzin! Het enige wat er is gebeurd, is dat ze iets schaamteloos zei'. Hij keek me woedend aan en vroeg wat ze dan had gezegd. Ik schaamde me kapot en wilde niet herhalen wat ze had gezegd. Dus ik zei: 'Vertrouw me nou maar, ik heb alleen een boter mes...'

'Wat zei ze dan!', schreeuwde mijn vader terwijl hij me een klap in mijn gezicht gaf. 'Papa, nee! Het was vies, ik ga dat niet herhalen.'

Bam, nog een klap. En nog één en nog een. Hij stopte niet en ik wilde ontsnappen. Ik rende het huis uit met mijn vader achter me aan. Ik wilde alleen nog maar rennen, rennen en nog meer rennen tot aan mijn oma's huis. Maar toen ik daar aankwam, zag ik mijn vader de weg versperren. Hij dreigde dat als ik nog dichter bij het huis zou komen, hij me dood zou slaan. Ik zag mijn oma achter het raam zitten, met rode ogen en tranen die over haar lieve, natte wangen vloeiden.

Op dat moment wist ik niet wat ik moest doen. Ik draaide me om en begon weer te rennen, dit keer naar mijn middelbare school. Jammer genoeg was het al na vijven en was er niemand te bekennen. Het werd al donker en ik moet eerlijk bekennen dat ik niet weet hoelang ik bij de schoolpoort heb gezeten.

Het werd kouder en donkerder, dus besloot ik het enige te doen wat ik nog kon bedenken. Ik stond op, liep naar een telefooncel en belde mijn moeder collect.

HOOFDSTUK 25

Geduld loont

Rabat – 30 april 2001

Rabat is een drukke stad en we kwamen aan bij een chaotischer en veel groter busstation dan dat van Tanger. Ik stapte uit en keek rond. Overal zag ik auto's, scooters, ezels die karren vol fruit en groenten trokken en moderne en traditioneel uitziende mensen door elkaar.

Ik voelde me op een rare manier thuis. Ik denk dat het kwam door de levendige sfeer in de stad, net Amsterdam maar anders. De vrijheid die ik op dat moment voelde was geweldig maar daarbij kwam ook de stress. Want nu wist ik eigenlijk niet precies welke kant ik op moest. Ik zag de vrouw die mij had geholpen haar koffers uit de bus halen. Ik bedankte haar nog eens, wees naar een willekeurige vrouw in de verte en vertelde dat ik nu naar mijn tante ging. We namen afscheid van elkaar en ik liep de kant op van de vrouw die ik had aangewezen. Toen ik omkeek, zag ik mijn reisgenoot een man knuffelen terwijl hij haar koffers uit handen nam.

Ik haalde diep adem en begon mijn tocht naar de ambassade. Gelukkig had ik het adres onthouden: Rue de Tunis 40. Ik sprak mensen aan om de weg te vragen en – verbazingwekkend genoeg – het was maar tien minuten lopen van het busstation.

Ik liep een hoek om toen ik de Nederlandse vlag zag wapperen. Ik rende in de richting van de vlag, met een luid koppend hart. Dit was het! Ik moet alleen naar binnen lopen en dan was ik veilig.

Eenmaal bij de entree aangekomen, zag ik heel veel mensen staan en roepen. Wat was hier aan de hand? Ik vroeg aan een beveiliger of ik naar binnen mocht. 'Nee', zei hij. 'Alleen op afspraak'. Wanhopig begon ik te huilen en riep dat ik geen afspraak kon maken omdat ik freaking veertien was!

De beveiliger keek verveeld en duwde mij de trap af. Ik struikelde en viel achterover. Het kon niemand iets schelen. Iedereen was te druk bezig met zichzelf. Ik ging onderaan de trap zitten met mijn handen in mijn hoofd. Zou ik nu misschien toch maar naar de zus van tante Mirjam gaan? Zou ik haar vragen om mij te helpen?

Ik veegde de tranen van mijn gezicht en bedacht me. Nee, ik ga hier zitten en schreeuwen net als de rest. Iemand zal mij horen en helpen, dat kan niet anders. Ook al duurt het een eeuwigheid, ik ga hier niet meer weg. Dus stond ik op, liep het gebouw rond tot ik een open raam zag en begon te roepen:

'Ik ben Hana, geboren in Amsterdam, ik ben veertien jaar en zit hier al sinds mijn twaalfde. Mijn moeder heeft me hier achtergelaten en ik moet terug naar mijn land.'

Dit herhaalde ik de hele dag, van het ene raam naar het andere raam lopend. Toen de ambassade aan het eind van de sloot, ging ik bij de ingang staan om de mensen die naar huis gingen nog eens duidelijk te maken dat ik hier niet hoorde.

De eerste drie dagen werd ik compleet genegeerd. Ik sliep op de trap van het gebouw, dronk uit putjes waar regen in stond en at uit de vuilnisbakken wat ik kon vinden. De vierde ochtend stopte een vrouw ter hoogte van mijn hoofd. Ik werd meteen wakker en hield haar been vast. 'Help mij, ik heb recht op hulp', smeekte ik. 'Ben jij degene die roept dat ze Hana heet? Mag ik je achternaam en geboortedatum? Dan kan ik zien of, en hoe ik je kan helpen', zei ze. Ik gaf haar de informatie en ze vroeg me om nog even te wachten. Eindelijk werd ik gehoord!

Ze pakte een flesje water en een zakje met croissants uit haar tas en gaf dat aan me. 'Als alles klopt, dan kom ik zo weer naar buiten'. Met die woorden liep ze de trap op en het gebouw in. Die croissants waren de lekkerste die ik ooit heb gegeten. Of misschien was het gewoon dat ik alleen nog maar restjes had in mijn maag. Hoe dan ook, ik kreeg er energie van en voelde me helemaal wakker en klaar om die vrouw weer te zien. Dus ik wachtte en wachtte, en zag mensen naar binnen en naar buiten gaan, maar de vrouw van die ochtend zag ik niet meer.

Het werd donker, het gebouw sloot en ik zag die vrouw nog steeds niet. Was het wel echt gebeurd? Ik keek naar de lege zak en fles water en wist dat het echt was, maar waar was zij?

HOOFDSTUK 26

Bijna thuis

Rabat – 18 mei 2001

'Hana Touzani, Hana Touzani!'

Ik schrok op en besefte dat iemand vanuit de ambassade mijn naam riep. 'Hier ben ik', riep ik terwijl ik mezelf omhoog hees en de trappen op rende. 'Kom binnen lief kind, wat zal jij veel hebben gezien. Wil je iets eten of drinken?'

De dame omringde me met haar warmte terwijl ze me naar haar kantoor begeleidde. Ik knikte dankbaar en vroeg haar of ik terug naar huis mocht. Ze zei dat ze contact had gehad met mijn moeder. Ik schrok blijkbaar zichtbaar, want ze stelde mij meteen gerust door te vertellen dat ze ook mijn vader had gesproken. Ik begon te huilen en ze vroeg me of ik ok was. 'Nee. Mijn stiefmoeder haat mij', snikte ik. Ze probeerde me te sussen door te vertellen dat mijn vader ontzettend ongerust was en niet wist dat ik hier zat. Ook was hij onlangs gescheiden dus ik hoefde me geen zorgen te maken over de band met haar. 'Het belangrijkste is dat jij nu veilig naar je vader kan worden gebracht zodat je weer een normaal leven kunt leiden met school, vrienden en familie om je heen.'

Ik was zo ontzettend opgelucht. Ergens in mijn hart wist ik wel dat mijn vader uiteindelijk door haar poppenkast heen zou kijken. Het klonk zo ongelooflijk. Gisternacht sliep ik op de koude grond, nu hoorde ik dat ik niet alleen terug naar Nederland kon, maar zelfs meteen naar mijn vader, waar ik mij compleet mezelf voelde. Veilig, warm, thuis. Ik kon op dat moment niets anders dan huilen van geluk.

Intussen had de dame van de ambassade papieren klaargelegd en net de telefoon opgehangen. 'Ok, Hana. Over tien minuten word je naar het vliegveld gereden en ga je lekker terug naar Amsterdam. Heb je weleens met het vliegtuig gereisd?' 'Nee. Gaat er iemand met mij mee? Straks weet ik niet in welk vliegtuig ik moet instappen en kom ik terecht in Timboektoe', zei ik gespannen. Ze glimlachte naar me en zei: 'Maak je geen zorgen. Ik ga mee tot aan de deur van het vliegtuig. En als je aankomt, dan verzeker ik je dat je papa aan de andere kant staat te wachten.' Ik sprong op en vloog in haar armen. Ik voelde mij zo licht en energiek, maar vooral dankbaar. 'Bedankt dat je me hebt gehoord en serieus hebt genomen'. Ik keek haar recht in haar ogen aan en zei: 'Ik dacht dat ik hier voor de deur zou sterven, want er was geen haar op mijn hoofd die eraan dacht om op te geven.' Ze hield mijn gezicht vast en zei: 'Je bent een sterke meid. Hou die gedachte je hele leven vast.'

We gaven elkaar nog een dikke knuffel en liepen daarna naar de auto die me naar het vliegtuig van mijn vrijheid zou brengen. Al die mensen die daar zaten, riepen door elkaar heen. Ik was er gisteren een van. Het enige verschil was dat ik hier niet was geboren. Ik had mijn recht gekregen. Eindelijk was ik onderweg naar huis.

Toen we aankwamen op het vliegveld checkte de dame van de ambassade me in bij de douane. Ze liep met me mee door de slurf naar de deur van het vliegtuig. 'Hier scheidden onze wegen. Wees altijd je sterke zelf en vergeet nooit dat je altijd een optie hebt', zei ze als afscheid. Ik bedankte haar nogmaals, sprong het vliegtuig in en zocht mijn plekje. Dat was bij het raam! Ik kon mijn eerste vlucht bij het raam meemaken! Ik vond dat een lieve verrassing en dook diep in mijn stoel.

De vlucht begon. Nog drie uurtjes en dan was ik thuis. Ik kon niet geloven dat het zo snel zou gaan. Normaal duurde dat drie dagen met de auto en de boot! Nu besefte ik dat ik maar drie uur was verwijderd van mijn thuis! Ik had niet genoeg tijd om mij erover te verbazen, want uit het raam zag ik hoe hoog we gingen en wat een prachtig uitzicht ik had. Een prachtig uitzicht en een prachtig vooruitzicht, dacht ik vol hoop en moed.

De vliegreis was aangenaam. Ik bleef naar buiten kijken tot ik alleen nog wolken zag, zakte weer in mijn stoel en droomde weg.

HOOFDSTUK 27

Mijn dochter en ik

Amsterdam - 18 mei 2001

De dikke meneer naast mij duwde een beetje tegen mijn hoofd. Ik schrok wakker en besefte dat ik op zijn schouder in slaap was gevallen en kwijlde. Met een rode kop verontschuldigde ik me. Hij keek me vriendelijk aan en zei dat het niet erg was, maar dat we van de stewardess onze gordels om moesten doen, want we gingen landen. Meteen veerde ik op en keek uit het raam. Ik zag allemaal weiden, perfect in rechthoeken verdeeld en netjes georganiseerd.

Mijn gordel zat al vast en ik kon gewoonweg niet wachten. De landing ging vlot maar voordat we onze tassen mochten pakken om het vliegtuig te verlaten, moesten we nog eventjes wachten. Natuurlijk had ik hier geen problemen mee, want we waren al thuis, op Nederlandse bodem. Ik keek nog even uit het raam en zag de mannen beneden de koffers uitladen, zoveel grote geparkeerde vliegtuigen en natuurlijk Schiphol, een prachtig groot gebouw met heel veel ramen. Er stonden allemaal mensen aan het raam te genieten van het uitzicht en waarschijnlijk om hun geliefden op te halen. Ik keek nog even goed en zag mijn vader ertussen staan! En hij was niet alleen, mijn grote zus tuurde naast hem uit het raam! Huh, wat had ze in haar hand? Een dekentje? Een raar wijf was het soms ook. Huh, nee, het beweegt. Is dat... Is dat een baby? Op het moment dat ik dat dacht, zag ik een hoofdje dat uit het dekentje omhoog probeerde te komen.

Achter mij kwam iedereen uit de stoelen. Ik draaide me om naar de dikke man en riep blij: 'Ik denk dat ik tante ben! Mijn zus heeft een dekentje in haar handen!' Hij moest om me lachen en zei: 'Nog een reden om sneller uit te stappen, he?' Ik knikte blij en liep achter hem en de menigte aan, richting uitgang en naar mijn vader en zus.

Mijn vader rende op me af en sloot mij helemaal in zijn armen. 'Wat ben ik toch dom geweest. 'Ik zal nooit meer een andere vrouw haar woord boven mijn dochters woord plaatsen. Als ik dat eerder had gedaan, had jij dit allemaal niet moeten meemaken. Het was "mijn vrouw en ik" en het had moeten zijn: "mijn dochter en ik".'

Ik snikte van blijdschap, want ik had nooit verwacht deze woorden te horen. 'Papa, ik ben blij om dat te horen, want ik hou van je en wil je graag gelukkig zien met iemand. Maar die vrouw moet wel eerlijk zijn en ook van ons houden als jouw kinderen.'

Mijn zus kwam erbij staan met haar bundeltje en ik sprong meteen op haar af. Een dikke knuffel kon ik niet meteen geven, omdat er in het dekentje wel degelijk een baby lag. 'Is die van jou?', vroeg ik. Ze knikte blij en zei: 'Dit is je eerste nichtje, ze heet Rayna. Jij bent tante'. Ik trok het dekentje voorzichtig weg en daar lag het schattigste kind van de wereld, slapend met haar vuistjes tegen haar wangetjes aan. Mijn zus reikte me het bundeltje aan en ze bleef rustig doorslapen terwijl ik haar naar de auto droeg.

Nog geen uurtje later waren wij weer thuis, in Amsterdam. Eenmaal thuis aangekomen, vroeg ik mijn vader of ik meteen een rondje mocht gaan lopen. Hij keek me een beetje scheef aan en zei: 'Schat, je bent thuis. Als je naar buiten wil, dan vraag je dat niet, dan zeg je dat.'

Glimlachend gaf ik hem een knuffel en liep naar buiten. Ik wandelde langs het kleine winkelcentrum, langs mijn oude basisschool, door naar mijn middelbare school, over de brug, langs de weg, het trapje af naar beneden en daar lag het huis van mijn oma. Ik zag de auto van mijn opa niet en wist dat er niemand thuis was.

Ik klom over het tuindeurtje, ging zitten onder haar perenboom en dacht: ik ben weer thuis, oma.

Epiloog

Ashakar – 24 juli 1999

'Ok, we blijven dus vanaf vandaag twee weken in dit strandhuisje met de familie. Is dat niet heerlijk?', vroeg mijn moeder. Ik knikte uitgelaten en was zo enthousiast! Onze eerste vakantie; zonder stress, zonder ruzie, gewoon lekker aan het strand, net als de gezinnen in mijn boeken.

Snel trok ik mijn zwemkleding aan terwijl mijn moeder nog genoot van het uitzicht. Ze zuchtte diep en zei: 'Oh, Hana, kijk nou hoe mooi het is. Zou je niet hier willen blijven?'

Met dank aan

De uitgeverij Novum voor hun geduld; expertise, toewijding en liefde voor mijn project

Mijn zussen Inês en Loubna zijn mijn steun, toeverlaat en supportsysteem door mij op te beuren, mijn kleine op te vangen als ik weer te geconcentreerd achter de pc zit en mij te motiveren om door te gaan met deze moeilijke proces van trauma verwerking. Voor het lezen en mening geven over het boek dank ik Inês nogmaals voor de tijd en energie. Speciale bedankt aan mijn twin flame Jefferson 'for keeping me sane' in al deze jaren van onze vriendschap. Love you. Sharon bedank ik ook voor mij te ruimte te geven om te zijn wie ik ben zonder pardon of oordeel. Uiteraard bedank ik Hanan en haar dochter Maysae voor het poseren voor mijn boek. Hanae bedank ik ook voor het lezen van mijn eerste manuscript. Ik bedank Yusmilka voor het voor het helpen met mijn productenverkoop en alle avond etentjes, omdat ik weer eens vergat te eten. Mijn ouders bedank ik ook voor het zijn wie ze zijn. Ondanks de traumatische ervaring heb ik geen haat jegens hen. Iedereen heeft een eigen pad en ik ben niet perfect Ouders zijn gewoon mensen die ook maar wat aankloten, je krijgt geen superkracht als je een kind op deze wereld brengt Je kan enkel maar je best doen Dus ik bedank ze, want zonder hen was ik er ook niet. En ik ben elke dag blij dat ik deze aardbol ben, goed en kwaad

Alle ongenoemde personen en entiteiten wil ik ook graag bedanken voor de haat, tegenslag en weerstand Het heeft averechts gewerkt en mij geïnspireerd en geleid naar mijn overwinning

Groetjes,
K.H. Heart

De auteur

K. H. Heart is geboren en getogen in Amsterdam
met Marokkaanse ouders. Momenteel werkt K.H.
Heart als onderwijzeres bij een leuke basisschool
in Antwerpen, waar zij zeer gelukkig woont met
haar zoon als bewust alleenstaande moeder. De
straat is niet kouder is niet alleen geschreven als
trauma afsluiting voor de auteur, maar ook om
licht te werpen op het feit dat er meer jongedames
verdwijnen op deze manier naar buitenland.

Dit boek is een mooi geschreven boek dat toont
hoe een jonge dame door middel van zelf reflectie
en doorzettingskracht haar weg terug vind naar
haar oorspronkelijke levenspad.